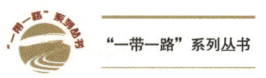

"一带一路"国别概览

斯里兰卡

李向阳 总主编

张淑兰 徐炜丹 编著　　郑清典 审定

大连海事大学出版社

ⓒ 张淑兰　徐炜丹　2019

图书在版编目(CIP)数据

斯里兰卡 / 张淑兰，徐炜丹编著. — 大连：大连海事大学出版社，2019.3

("一带一路"国别概览 / 李向阳总主编)

国家出版基金项目

ISBN 978-7-5632-3778-4

Ⅰ.①斯… Ⅱ.①张… ②徐… Ⅲ.①斯里兰卡-概况 Ⅳ.①K935.8

中国版本图书馆CIP数据核字(2019)第050722号

大连海事大学出版社出版

地址：大连市凌海路1号　邮编：116026　电话：0411-84728394　传真：0411-84727996

http://www.dmupress.com　E-mail:cbs@dmupress.com

大连海大印刷有限公司印装	大连海事大学出版社发行
2019年3月第1版	2019年3月第1次印刷
幅面尺寸：155 mm×235 mm	印数：1～3000册
印张：11.25	字数：169千
出 版 人：徐华东	项目策划：徐华东
责任编辑：王　琴	责任校对：董洪英
装帧设计：孟　冀　解瑶瑶　张爱妮	
ISBN 978-7-5632-3778-4	定价：56.00元

"一带一路"国别概览

丛书编委会

- ▶ 主　任　李向阳
- ▶ 副主任　徐华东　李绍先　郑清典　李英健
- ▶ 委　员　李珍刚　姜振军　张淑兰
　　　　　　尚宇红　黄民兴　唐志超
　　　　　　滕成达　林晓阳　杨　淼

总序

　　2013年秋，国家主席习近平在哈萨克斯坦和印度尼西亚出访期间，先后提出共建"丝绸之路经济带"和"21世纪海上丝绸之路"的倡议，倡导共商、共建、共享理念，得到国际社会广泛关注和积极响应。"一带一路"倡议旨在积极发展与沿线国家的经济合作伙伴关系，共同打造政治互信、经济融合、文化包容的利益共同体、命运共同体和责任共同体。

　　"一带一路"倡议源自中国，更属于世界，它面向全球、陆海兼具、目的明确、路径清晰、参与方众、反响热烈。五年间，"一带一路"倡议从理念转化为行动，从愿景转变为现实，在顶层设计、政策沟通、设施联通、贸易畅通、资金融通、民心相通等方面都取得了显著的成果，为实现世界共同发展繁荣注入推动力量、增添不竭动力。目前，我国已与100多个国家和国际组织签署了共建"一带一路"合作文件。共建"一带一路"倡议及其核心理念被纳入联合国、二十国集团、亚太经合组织、上合组织等重要国际组织成果文件。

　　"一带一路"沿线国家地理地貌、风俗人情、经济发展、投资环境各不相同，极有必要对其进行系统的介绍和分析。此外，目前针对"一带一路"沿线国家的研究仍不够深入，缺少系统、整体的研究资料。大连海事大学出版社组织策划的"'一带一路'国别概览"丛书（首批65卷）适逢"一带一路"倡议提出五年后下一个阶段深入推进的需要之时，也填补了国内系统地介绍"一带一路"沿线国家国情的学术专著的空白，获得了国家出版基金项目资助，并入选教育部全国高校出版社主题出版选题。

　　"'一带一路'国别概览"丛书（首批65卷）联合中国社会科学院、北京大学、山东大学、宁夏大学、广西民族大学、上海对外经贸大学、黑龙江大学等多家高校及研究机构编写，并组织驻"一带一路"沿线65个国家的前大使对相关书稿进行审定。本套丛书不仅涵盖了各国地理、简史、政治、军事、文化、社会、外交、经济等方面的内容，突出了各国与丝绸之路或海上丝绸之路的历史渊源，力争为读者提供全景式的国情介绍，还从"一带一路"政策出发，引用实际案例详细阐述了中国与各国贸易情况及各国的投资环境，旨在为"一带一路"的推进提供强大的智力支持，加快科技成果转化，促进合作人才培养，帮助我国"走出去"的企业有效地防控风险，从而全方位地助推"一带一路"建设。

"'一带一路'国别概览"丛书（首批65卷）的顺利出版得益于大连海事大学出版社的精心策划和组织，也凝聚着百余位相关领域专家学者的心血，在此深表感谢。

国家主席习近平曾深情地说："'一带一路'建设承载着我们对美好生活的向往，将把每个国家、每个百姓的梦想凝结为共同愿望，让理想变为现实，让人民幸福安康。"我们也希望本套丛书可以为"一带一路"建设架起一座沟通的桥梁，推动"一带一路"倡议在沿线国家向更深远和平稳的方向发展。

"'一带一路'国别概览"丛书编委会
2018年6月

前言

斯里兰卡为南亚面积第六大国家，其面积小于南亚八国中的印度、巴基斯坦、阿富汗、孟加拉国和尼泊尔，大于马尔代夫和不丹。自汉朝开始，南亚次大陆就是古代丝绸之路上的贸易集散地，不仅是北方丝绸之路的南线必经的中转站，而且是南方丝绸之路的东西两线的共同终点站。在古代海上丝绸之路的东、南、西三条航线中，南亚不仅是西线必经的中转站，也是南线的终点（东南亚的缅甸作为南线的终点只存在于先秦及秦朝时期，到了经典丝绸之路的汉代，南亚的南印度和斯里兰卡成为南线的终点）。就具体国家而言，位于古代陆上丝绸之路上的南亚国家有阿富汗、巴基斯坦、尼泊尔、孟加拉国、不丹和印度；位于古代海上丝绸之路上的南亚国家有斯里兰卡、孟加拉国、马尔代夫和印度。因此，横跨古代海上和陆上丝绸之路的国家是印度和孟加拉国。

2015年4月21日，国家主席习近平在巴基斯坦议会发表演讲时指出，南亚地处"一带一路"海陆交汇之处，是推进"一带一路"建设的重要方向和合作伙伴。根据《推动共建丝绸之路经济带和21世纪海上丝绸之路的愿景与行动》，"一带一路"贯穿亚欧大陆，连接活跃的东亚经济圈与发达的欧洲经济圈，其中，南亚、印度洋地区是重要的桥梁和纽带。在"一带一路"的六大经济走廊中，中巴经济走廊和孟中印缅经济走廊与南亚直接相关。

斯里兰卡位于南亚次大陆南端，是印度洋周边的一个重要岛国，临近印度洋的主要航线，起着连接亚太地区和印度洋地区的重要作用。在古代商贸活动开展的过程当中，来自欧洲、阿拉伯国家的西方船只和来自中国、东南亚国家的东方船只，往往会在斯里兰卡沿海港口停泊、交换货物，斯里兰卡成为古代东西方商贸交流的中转站和海上贸易中心。

斯里兰卡与海上丝绸之路的渊源最早可以追溯到秦汉时期。随着古代海上丝绸之路的兴起，中国和斯里兰卡开始了两千多年的友好往来，其中，郑和七次下西洋，多次在此停留，斯里兰卡出土的郑和《布施锡兰山佛寺碑》证明了两国的友好关系。

中国提出共建"21世纪海上丝绸之路"的倡议后，斯里兰卡是第一个以政府声明的形式表明其合作意愿的国家。在"一带一路"倡议背景下，斯里兰卡拥有的区位优势更加明显，对于保证"21世纪海上丝绸之路"的畅通有着十分重要的作用。斯里兰卡首都科伦坡是"21世纪海上丝绸之路"的重要一站，连接着马六甲海峡到西亚、东非的航线。2014年2月，中国外交部部长王毅在北京与斯里兰卡总统特使、外交部部长佩里斯举行会谈时表示，中斯关系处于历史最好时期，双方可在深化各领域务实合作的基础上，全面拓展海洋合作，共建"21世纪海上丝绸之路"。2014年5月，习近平在上海会见斯里兰卡总统拉贾帕克萨时强调，斯里兰卡是建设"21世纪海上丝绸之路"、建立亚洲基础设施投资银行的重要合作伙伴。2016年4月，斯里兰卡总理维克勒马辛哈访华时表示，斯里兰卡愿积极参与中方提出的"一带一路"倡议，进一步加强在港口、机场等基础设施建设，贸易投资，交通，科技等领域的合作，促进文化交流与人员往来，造福两国人民。

鉴于斯里兰卡在共建"一带一路"中的重要地位与作用，本书对斯里兰卡国情以及中斯关系发展情况进行系统而全面的梳理，旨在为推进"一带一路"提供智力支持。全书共十章，分别为斯里兰卡的地理、简史、政治、军事、文化、社会、外交、经济、对外经济关系，"一带一路"与斯里兰卡。

与现有的列国志和国情概况等同类成果相比，本书具有以下特色与创新性：第一，全面性。作为国情概览，本书涵盖了斯里兰卡的地理、历史、政治、经济、军事、外交、科技、社会、文教卫生等方面的内容，力争为读者提供真正全景式的国情介绍。第二，适当深入和拓展。本书在客观介绍斯里兰卡国家现状的同时，不但补充了各个领域、不同层面的历史发展与演变，而且特别介绍了斯里兰卡在相关领域制定的政策与措施，以为现阶段"一带一路"建设中的战略对接提供较为直接的参考。第三，侧重关注斯里兰卡与中国的关系，特别是斯里兰卡与古今丝绸之路的关系。全书有四章的内容涉及中斯关系，包括第二章简史、第七章外交、第九章对外经济关系和第十章"一带一路"与斯里兰卡，其中第二章简史中的第四节专门聚焦斯里兰卡与古代丝绸之路的渊源，第十章专门分析斯里兰卡与"一带一路"的关系。第四，时效性。本书注重采用2012年以后的最新数据和资料，为读者提供最新动态。第五，严谨可靠与权威性。本书的注释丰富，在全面参考列国志和国情概览的基础上，充分利用山东大学南亚研究中心团队中的南亚籍学者和国际学术联系广泛搜集的大量中外文资料，并重点采用斯里兰卡政府各部门的官方公布数据、联合国与世界银行以及亚洲开发银行等国际权威组织的统计数据和材料。

本书的每一章均是两位作者的协同创作成果，既保证数据资料有可靠的来源，也为读者进一步了解斯里兰卡提供便利。

本书在撰写过程中，得到了山东大学南亚研究中心同人的大力协助，还得到了教育部人文社会科学重点研究基地当代社会主义研究所课题"当代南亚的左翼思潮与实践"（14JJD710002）的资助，大量借鉴和参考了国内外学界同人的研究成果，在此深表谢意。

由于编者水平和语言、资料等所限，本书难免会有疏漏和不当之处，还请相关专家学者和广大读者批评指正。

编 者
2018年6月

目 录

第一章　地理 ... 1
　　第一节　地理位置 ... 1
　　第二节　气候 ... 2
　　第三节　地势地貌 ... 4
　　第四节　地质 ... 5
　　第五节　水文 ... 5
　　第六节　自然带 ... 6
　　第七节　自然资源 ... 7
　　第八节　生态环境 ... 13
　　第九节　行政区划 ... 14

第二章　简史 ... 15
　　第一节　史前史 ... 15
　　第二节　古代史 ... 16
　　第三节　近现代史 ... 22
　　第四节　斯里兰卡与古代丝绸之路的渊源 ... 27

第三章　政治 ... 36
　　第一节　国家标志 ... 36
　　第二节　宪法 ... 39
　　第三节　政党 ... 40
　　第四节　议会 ... 43
　　第五节　总统 ... 45
　　第六节　政府 ... 46
　　第七节　司法机关 ... 47
　　第八节　中央和地方的关系 ... 48

第四章　军事 ... 52
　　第一节　独立前的军事史 ... 52
　　第二节　独立后的国防体制 ... 54

第三节　独立后的军事制度 …………………………………… 55
　　第四节　三军组织结构及其实力 ……………………………… 57
　　第五节　国防政策 ……………………………………………… 58
　　第六节　军事战略 ……………………………………………… 59
　　第七节　军事合作 ……………………………………………… 59
第五章　文化 …………………………………………………………… 61
　　第一节　语言文字 ……………………………………………… 61
　　第二节　文学 …………………………………………………… 63
　　第三节　艺术 …………………………………………………… 68
　　第四节　文化政策 ……………………………………………… 72
第六章　社会 …………………………………………………………… 73
　　第一节　人口与民族 …………………………………………… 73
　　第二节　宗教 …………………………………………………… 77
　　第三节　传统风俗 ……………………………………………… 79
　　第四节　教科文卫体 …………………………………………… 80
第七章　外交 …………………………………………………………… 93
　　第一节　外交政策 ……………………………………………… 93
　　第二节　对外关系 ……………………………………………… 97
　　第三节　对华外交 ……………………………………………… 101
第八章　经济 …………………………………………………………… 105
　　第一节　概述 …………………………………………………… 105
　　第二节　农业 …………………………………………………… 110
　　第三节　工业 …………………………………………………… 113
　　第四节　旅游业 ………………………………………………… 116
　　第五节　交通运输和邮政业 …………………………………… 116
　　第六节　服务业 ………………………………………………… 117
　　第七节　新兴产业 ……………………………………………… 118
第九章　对外经济关系 ………………………………………………… 119
　　第一节　对外贸易关系 ………………………………………… 119
　　第二节　外国投资与援助 ……………………………………… 121
　　第三节　对外金融关系与对外技术合作 ……………………… 124
　　第四节　中国与斯里兰卡的经济关系 ………………………… 125

第十章 "一带一路"与斯里兰卡 …………………………………… 134
第一节 斯里兰卡在"一带一路"倡议中的地位和意义 ………… 134
第二节 斯里兰卡对"一带一路"倡议的反应 ………………… 137
第三节 "一带一路"倡议下中国与斯里兰卡的合作往来 ……… 141
第四节 中斯合作案例分析 ……………………………………… 149
第五节 "一带一路"与斯里兰卡发展战略的对接研究 ………… 155

参考文献 …………………………………………………………… 164

第一章 地理

斯里兰卡是南亚次大陆以南印度洋上的岛国，西北隔保克海峡与印度相望；接近赤道，终年如夏，年平均气温为28 ℃，年平均降水量为1 760毫米；风景秀丽，素有"印度洋明珠"之称。物种丰富，在生物多样化方面，居世界前十位。历史悠久，公元前5世纪建国，公元前3世纪成为佛教文化中心之一。中国与斯里兰卡之间存在着悠久的传统友谊。

第一节　地理位置

斯里兰卡位于亚洲大陆的南端，距离赤道880千米，地处北纬5°55′~9°50′、东经79°42′~81°53′。斯里兰卡位于东5.5时区，当地时间比北京时间晚2.5个小时，并且没有夏令时。

斯里兰卡岛原本是德干高原的一部分，它从印度大陆分离开来是地质上比较晚的事情，在引起这一分裂的地壳运动的过程中，海洋淹没了大陆的一部分，留下了马纳尔岛和现在叫作亚当桥的沙洲作为陆地桥梁的残余联系。如今，斯里兰卡已经成为印度洋上一个迷人的岛国，四面环海，东部与马来西亚、新加坡、印度尼西亚等东南亚沿海国家隔海相望，西北部与印度相邻，中间被马纳尔湾和保克海峡分割。斯里兰卡南北的最大长度为432千米，东西的最大宽度为224千米，国土面积为65 610平方千米，海岸线长1 340千米，大陆架则为200海里。

第二节　气候

一、概述

斯里兰卡属于热带季风气候，终年如夏，全年温差很小。同时，斯里兰卡又属于海洋性气候，温暖潮湿，因为受到海风的调节作用，所以天气并不十分炎热。斯里兰卡全国不同地区之间温差较大，低地的月平均气温为26~29℃，到高地则变为13~21℃。高山地区天气凉爽；沿海地区则是典型的热带气候，炎热多雨。

受热带季风的影响，斯里兰卡一年只有两个季节，即雨季和旱季。雨季降雨频繁，而旱季降雨相对较少。影响斯里兰卡的热带季风有两种：一种是西南季风，另一种是东北季风。5—9月是西南季风期，西南季风把印度洋上的潮湿气流带到斯里兰卡的西南部，遇到高山的阻挡就形成雨水。在季风到来之前，斯里兰卡全国的温度都很高，但随着季风带来的丰沛降雨，气温会相对下降。在季风到来的时间里，西部沿海地区和山区进入雨季。在大约3个月的时间里，这些地区几乎每天都大雨滂沱、水流暴涨，水灾频繁发生。然而，此时的北部和东北部地区仍然处于旱季。6月底以后西部沿海地区雨水渐少，进入旱季，但是仍有一定的降雨量。9月底到10月以后，印度北部上空形成了高压气流，这些高压气流经过孟加拉湾时吸收了大量潮气，从而转变为低压气流，低压气流从东向西移动，这便是斯里兰卡的东北季风。东北季风期从9月底一直延续到来年2月，为斯里兰卡东北部和东部带来丰沛的降雨。

斯里兰卡国内各个地区之间降雨量差异较大，中部山区和西南部地区降雨量相对充沛，东北和东南沿海地区则相对较少。人们根据降雨的多少，把整个岛屿划分为干燥地区和湿润地区，两个地区被热带森林分割开来。其中湿润地区年降雨量超过3 700毫米，全年还有对流降雨。干燥地区在季风季节的降雨量也可能高达1 500毫米，之所以叫作干燥地区，是因为这一地区每年有长达9个月的旱季。

全球气候变暖对斯里兰卡民众生活造成了很大影响，洪涝灾害、干旱频频发生。2010年，斯里兰卡政府在全国范围内进行了一次"民众对气候变化认知"的调查。调查结果显示：88%的受调查对象对"气候变化现象"十分了解，79%的受调查者对"全球变暖"现象十分熟悉；有90%的受调查者认为气候变化将对他们的生活造成影响，其中最为不利的影响为疾病传播和水资源短缺；绝大多数（93%）受调查者对气候变化表示担忧。由此可见，全球气候变化已经成为斯里兰卡民众普遍关注的问题。

二、政策

为了应对全球气候变化，斯里兰卡1992年加入了《联合国气候变化框架公约》，1997年签署了《京都议定书》。在这两大框架下，斯里兰卡承担了应对气候变化的义务，包括：制定相关政策和采取相关措施以减少温室气体排放等；采取政策以应对气候变化带来的不利影响；定期提交与气候变化相关的信息等。

为了行使气候变化议题相关职能，斯里兰卡政府成立了专门的气候变化秘书处，秘书处旨在"将斯里兰卡打造成对全球气候变化具有高度应对能力的国家，一个具有较高环境意识和高度繁荣的国家"，因此，气候变化秘书处将领导国家采取综合行动，从而在斯里兰卡当地乃至在全球为应对气候变化做出贡献；将应对气候变化议题纳入国家可持续发展计划。具体而言，气候变化秘书处承担了以下重要职能，其中包括："提供一个合理的平台以处理国内的气候变化问题，并且将相关问题纳入发展进程；发挥专门机构机制的作用以应对气候变化，包括制定相关政策和方案；推动开展与气候变化有关的研究和研究成果发布，以推动政策改革和行动，等等"。

2010年，斯里兰卡还制定了《国家气候变化适应战略》，提出"将气候变化适应问题纳入国家规划和发展中；将气候变化对粮食安全的影响降至最低水平等"。不仅如此，斯里兰卡还制定了具体的《斯里兰卡国家气候变化政策》，目标是"在可持续发展框架下，适应和减缓气候变化带来的影响"，这一政策共分为脆弱性、适应、减缓、可持续消费和生产、知识管理和其他方面六个部分。其中脆弱性政策主要分为脆弱性评估等政策；适应政策主要包括保障粮食安全、保障生物多样性等政策；减缓政策主要包括能源、交通、废物回收等政策；可持续消费和生产政策主要包括合理利用国家资源等政策；知识管理政策包括教育、意识培养等政策。

第三节　地势地貌

斯里兰卡的地势地貌有三个特征。第一，国土形状似梨形。南部地区较为宽阔，北部地区则相对狭窄。第二，斯里兰卡岛在漫长的地质历史时期中一直处于隆升状态，遭受风化剥蚀，直至中生代中期冈瓦纳古陆边缘发生破裂，使其基底发生仰冲，而盖层出现小规模断陷，接受了零星的侏罗纪和新近纪的沉积，从而造成区域性地势差异，出现了中部地区为山地与高原、周边沿海地区为丘陵与平原的地貌景观。此后，斯里兰卡一直稳定地保持着这种地形特征。第三，斯里兰卡南部地势相对较高，北部地势相对较低。海拔300米左右的高原约占国土总面积的2/3，主要位于的岛的中南部，因此，斯里兰卡大致可以划分为高原地区、平原地区和沿海地区。

高原地区位于斯里兰卡的中南部，聚集了斯里兰卡的众多山峰，主要是高山地形，地质相对较硬。高原地区的西部是海顿高原，东部是乌瓦盆地，北部是纳克尔山脉，南部是拉克瓦纳山。最高的山峰是皮杜鲁塔拉格勒山，海拔为2 524米。最著名的山峰是亚当峰，又名"蝴蝶峰"或者"斯里帕达峰"。亚当峰呈金字塔形，因其秀丽独特的蝴蝶景观和丰富的人文内涵而享誉世界，是吸引海外游客的一大观光胜地。这座山峰被群山环抱，周围有大小山峰200多座，这200多座山峰的顶端都有一口铜钟，游人到达山顶时被允许敲一次钟，以示对佛祖的尊敬。除了旖旎的风光，亚当峰还拥有丰富的人文、宗教内涵。亚当峰意译为"圣足山"，峰顶有一个形似人的脚印的印记，因此斯里兰卡国内诸多宗教教派都将其当作"圣山"崇拜，每年有众多的朝圣者前往。特别值得一提的是，东晋时期中国高僧法显在前往"圣足山"的途中，曾在一个山洞中居住，后来斯里兰卡当地民众为了纪念法显，将这个洞命名为"法显洞"。

在高原地区的周围，有一些由悬崖和岩架构成的过渡地带，越过这些过渡地区就到达了斯里兰卡的平原地区。斯里兰卡有三块平原带，西南部的平原有大片适合耕种的土地；东南部的平原地势平坦，山地相对较少，但是由于当地土质是铁矾土，因此其地表呈现红色；北半部山脊较少，地势相对舒缓。

斯里兰卡的沿海地区海拔相对较低。斯里兰卡的沿海地带有一些天然港湾，如亭可马里和加勒。亭可马里自然条件优越，曾经是英国在亚洲的重要海军基地，现在则是斯里兰卡国内最大的军、商、渔合用港；加勒曾是著名的商业中心，是斯里兰卡境内最大的渔港。

第四节 地质

从地质学上分析，斯里兰卡高原是德干高原的一部分，后来，一条宽为64~137千米的保克海峡将斯里兰卡和印度分开，所以斯里兰卡的地质条件在某种程度上与印度大陆南部相似。

斯里兰卡地质构成相对简单，经过长期的地质剥蚀作用，现今全岛90%的地表出露的是前寒武纪沉积–变质岩系，显生宙以来的沉积岩仅仅在西部有零星侏罗系出露，沿海平原更新世–全新世沉积地层较发育。斯里兰卡中部山区主要是高原岩系，以沉积变质岩和紫苏花岗岩为特征，岩性有石英岩、结晶灰岩等；东南部主要由片麻岩、花岗岩和混合岩构成；西部还有零星的中生界侏罗系，主要为砂岩、粗砂岩等；北部的贾夫纳半岛到西海岸的部分地区，均是新近纪中新统，主要为海相厚层状石灰岩；西部和西北部地区则主要为第四纪更新统，为砂砾岩；西南部则主要是红土层；东部广阔的沿海地区则主要是冲积和潟湖沉积的黏土、砂粉和砂。

第五节 水文

斯里兰卡境内有数量众多的河流与湖泊。斯里兰卡的河流一般都发源于中部山区，全国有103条河流，在这些河流中，约有20条永久性河流，其余的都是季节性河流。河流的面积从10平方千米到10 000平方千米不等，其中，长度超过100千米的有16条，流域面积超过1 000平方千米的只有5条，12条较大的河流的水量占据了总水量的3/4。斯里兰卡最长的河流是马哈韦利河，长335千米，在亭可马里附近流入印度洋。由于河流流经地势较险，加之水量丰沛，因此斯里兰卡河流水流量大、冲击力强，蕴藏着巨大的能量，有利于水力发电事业的发展。除了河流，斯里兰卡境内还有一些湖泊，面积较大的湖泊有8个，其中最大的是拜蒂克洛湖，面积为120平方千米。

除了天然的河流与湖泊，斯里兰卡境内还有人工开凿的十余条运河，这些运河将斯里兰卡的河流有机地联系在了一起。

斯里兰卡自古就是一个典型的农业国家，水库等农业基础设施对于其农业发展至关重要，所以，尽管斯里兰卡并没有较大的天然水库，但是其境内有很多人工的水库和灌溉渠道系统。一部分人工渠道修建于几百年前，直到现在仍能发挥作用，还可以通航、用于灌溉农田等。在斯里兰卡的干燥地区，大约有12 000个大大小小的水库，水库面积为0.01~65平方千米且大多都小于3平方千米。斯里兰卡还有很多的泉水，已经发现了3 540处泉水，努沃勒埃利耶大约有1 544处泉水，康提区有204处，库鲁内格勒有319处，这是斯里兰卡宝贵的水资源之一。

第六节　自然带

斯里兰卡尽管国土面积并不大，但是仍有较为明显的自然带分布，在植被覆盖方面表现得尤为明显。

斯里兰卡属于热带地区，其植被分布具有一定的地域差异性。西南部属于热带雨林气候，一般生长着热带经济作物，如高大的椰子树等。北部和东部地区，降雨相对较少，属热带草原气候，主要生长着低矮的灌木丛等。中部为高山地带，气温相对较低，生长着温带作物。

斯里兰卡的植被还具有垂直地带差异性。植被的分布随着海拔的变化而变化，沿海低地的植被主要是棕榈科植物，如椰子树、槟榔树等；丘陵地带主要生长着茶树，地势较高的地方则生长着橡胶树；中部地势最高的山区生长着茂密的森林，海拔差异较为明显。

第七节　自然资源

斯里兰卡国土面积并不大，土地资源相对有限，但拥有丰富的自然资源，其中，水资源是斯里兰卡十分重要的资源，还有丰富的渔业资源、矿产资源和可再生能源。

一、土地资源及其政策

斯里兰卡土地资源主要为农业用地。自独立以来，斯里兰卡的农业用地面积增加得十分明显，根据联合国粮农组织年估算的数据，1961年，斯里兰卡农业用地面积为172.3万公顷，其中可耕地面积为59.2万公顷，永久性耕地面积为94.3万公顷，永久性草场和牧场面积为18.5万公顷；2014年，斯里兰卡农业用地面积为274万公顷，其中永久性草地和牧场为44万公顷，永久性耕地面积为100万公顷，可耕地面积为130万公顷。尽管农业用地总面积增长幅度不大，在50多年的时间里，斯里兰卡的可耕地面积翻了一番，十分有利于斯里兰卡的农业发展。

为了有效保护和科学合理地利用有限的土地资源，使其朝着可持续方向发展，斯里兰卡政府设立了专门的政府部门管理土地资源，即土地和议会改革部。它主要负责制定国家土地政策、管理和发展国有土地，为无地人民合理分配土地、为发展项目和其他基本项目分配土地等。土地和议会改革部下设有调查部门、土地使用政策规划司等，各司其职，以此保证机构的有序运转。其中，土地使用政策规划司成立于1983年，主要工作目标就是制定国家土地使用政策和实施该政策的必要法规；拟订国家、省、区、分区、村和地块的土地使用计划。为此，土地使用政策规划司建立了土地使用情况的数据库，并且每年发布政府报告，甚至会在村、镇一级制订土地使用计划等。

二、水资源及其政策

斯里兰卡的水资源主要包括地表水资源和地下水资源。
地表水资源包括河流、湖泊、水库、泉水等。

地下水资源在斯里兰卡的应用十分广泛，被充分应用于斯里兰卡的农业、工业等领域，如在农业灌溉方面，地下水能够提供稳定的水源，能在旱季作为地表水的补充对农作物进行灌溉。地下水还用于民众生活，主要因为地下水比较容易获得。据统计，斯里兰卡约有72%的农村人口（约占总人口的79%）和22%的城镇人口的生活用水为地下水，使用地下水的人口共占总人口的60%。在300个城镇和乡村的供水系统中，约有1/3取自浅层和深层的地下水源，这其中还不包含私人水井。在无供水系统地区，私人水井（多数为浅层）抽取的地下水量和用户数量都很惊人。包括用途最大的灌溉用地下水在内，斯里兰卡全国每年抽取的地下水量估计达150亿立方米。尽管地下水在斯里兰卡的生产和生活中发挥了重要的作用，然而斯里兰卡的地下水资源的水量和质量并不十分乐观。

斯里兰卡的水资源并不十分缺乏，然而随着人类活动的愈加频繁，特别是随着斯里兰卡经济的发展和人口的增长，对水资源的需求造成了很大压力，最终导致斯里兰卡的水资源的质量、总量都在逐渐下降。鉴于严峻的水资源形势，为了保护和合理利用国内的水资源，斯里兰卡政府成立专门的灌溉与水资源管理部，制定了一系列措施来保护国内的水资源。灌溉与水资源管理部下设专门的水资源委员会，致力于水资源的相关研究，如由政府财政拨款资助的地下水监测和研究工作。截至2016年7月，这项工作在第一个地区已经顺利采集、分析和检测了78份水资源样本，第二地区的73份水资源样本也已经顺利采集，有待进一步分析。此外，水资源委员会还开展了其他诸多对斯里兰卡国内的水资源进行监测和保护的行动，如培养人们合理使用地下水的习惯。2014年，斯里兰卡政府发布了《国家关于水资源保护的政策》，其中提到未来政府将继续进行水资源保护的相关工作，并且遵循以下原则：所有水源都将被视为属于斯里兰卡的公共自然资源；为了人类健康和环境发展，公众有权接触和使用干净、高质量的水资源；所有社区和负责机构的职责是在保证水资源的可持续性和其他各类途径消费的同时，保证普通大众消费水资源的权利；保护和涵养水源，为了水资源的未来而保护其源头并保证其质量是每个公民应尽的共同责任等。

三、渔业资源及其政策

斯里兰卡作为一个岛国，四面环海，许多海区的陆坡都十分陡峭，沿岸也有很多礁石，加之其水域的饵料充足，印度洋上许多鱼类都会游向斯里兰卡沿岸索饵、产卵，因此斯里兰卡海域沿岸和近海区域有着十分丰富的渔业资源。

斯里兰卡四周分布着许多渔场，东北是孟加拉湾渔场（以拖网、钓鲨为主），南部是有名的斯里兰卡–马尔代夫金枪鱼渔场（以金枪鱼为主），西北则是阿拉伯海渔场（以拖网为主）。斯里兰卡–马尔代夫金枪鱼渔场范围十分广阔，跨越了10个经纬度，其中一部分位于斯里兰卡专属经济区之内。除了金枪鱼，斯里兰卡渔区还出产具有较高经济价值的龙虾、对虾、蟹类等产品。凭借丰富的渔业资源，斯里兰卡鱼类产品出产量始终稳定。

丰富的渔业资源为斯里兰卡带来了较高的经济效益，因此斯里兰卡政府十分重视渔业资源的开发，制定了相关扶持政策，支持本国渔业资源合理的开发和利用。为了提高鱼类产品的产量，政府鼓励各类渔船在政府的监督下进行捕鱼作业，2017年大约有32 025艘机动船和21 963艘非机动船在斯里兰卡相关海域捕捞作业，其中大约有4 447艘机动船在近海捕鱼作业。为了进一步有效利用渔业资源，促进鱼类产品产量增长，斯里兰卡政府还大力建设渔港。截至2015年，加上该年度启动的2个渔港的建设，斯里兰卡共拥有22个渔港，大部分位于南部和西南部沿海地区，北部和东北部沿海相对较少。与此同时，斯里兰卡政府继续完善渔港的基础设施建设，2017年斯里兰卡政府决定在当时已有的20个渔港中选择一部分进行绿色渔港的建设。现有渔港中有很多历史较久、设施陈旧，对鱼类产品交易的吸引力逐渐减弱，因此政府决定在现有渔港的基础上选择一部分渔港进行改造，所有被选出的渔港都会完善基础设施建设。不仅如此，为了加强渔港的现代化建设、加强对渔民的监督和保护，斯里兰卡渔业与水产资源发展部还采取措施将数字技术引入这20个渔港中，通过卫星技术接收渔民离开港口捕鱼的信息，并且检测渔民是否到达其他国家的海洋边界。同时，也能够通过这一技术加强对在海域进行捕鱼作业的渔民的保护，从而实施对渔港的数字化改造。

四、矿产资源及其政策

斯里兰卡自古以来就享有"宝石之岛"的美誉。虽然国土面积较小，矿产资源并不十分丰富，却盛产宝石和珍珠。斯里兰卡拥有的宝石不仅种类繁多，而且蕴藏量很大。斯里兰卡中部高山表层岩石中蕴含的宝石矿，经过长期风化之后剥落，被雨水或山洪冲下，沉积在地势较低的泥沙之中，形成次生宝石矿，矿床浅，不仅易于开采，而且宝石的品质高。据斯里兰卡政府有关部门勘探，斯里兰卡全国约有25%的土地中蕴藏着丰富的宝石矿。斯里兰卡宝石种类繁多，有50多种优质宝石，包括蓝宝石、红宝石、金绿宝石、紫水晶、"亚历山大石"等。"亚历山大石"是1830年在俄国乌拉尔山区被发现的，因为发现这种稀有宝石的那一天正是沙皇皇太子亚历山大二世的生日，因此这种宝石被命名为"亚历山大石"。事实上，尽管是在俄国首先被发现的，但是"亚历山大石"只在斯里兰卡和巴西才有出产。世界宝石中的许多种类都只在斯里兰卡等少数几个国家才有出产，而且，许多著名的宝石珍品都是在斯里兰卡被发现的，如"东方巨蓝""罗根蓝宝石""霍普猫眼石"等。科伦坡博物馆还藏有一颗名为"兰卡之星"的世界第三大红宝石。斯里兰卡宝石开采的历史十分悠久，至今已经有2 000多年的开采历史。在斯里兰卡，与宝石相关的从业人员较多，他们主要是从事开采和加工工作。

除了宝石之外，斯里兰卡最主要的矿藏是石墨，还有钛铁矿、铜矿、石灰石、石英、云母、磷酸盐等矿物资源。斯里兰卡的石墨矿分布地区比较广、蕴藏量大，而且质量高，在全世界久负盛名。斯里兰卡的石墨开采历史悠久，共有约200年，部分石墨矿床由国家采矿公司进行规范的开采和发掘。铜矿资源在斯里兰卡较为稀少，全境仅有一处矿床，主要集中在西南部萨伯勒格穆沃省及南部省的加勒等地。斯里兰卡云母矿种类比较齐全，有金云母、白云母、黑云母等。斯里兰卡对黑云母和白云母的开采较多，早在1896年斯里兰卡就已对这两种云母矿产进行开发、生产和外销。但是，遗憾的是，斯里兰卡开采的云母品质较低，其云母产品在国际市场并没有很强的竞争力。

斯里兰卡政府为了合理开发本国矿产资源，规范矿产资源开发利用的相关行为，制定了相关的法律法规和政策，以保证国内矿产资源的合理开发。1992年,斯里兰卡政府颁布了《矿山及矿产法案》,并且设立了专门的斯里兰卡地质调查和矿产局,通过签发执照,对矿物勘探、开采、加工、交易和出口进行监督。由于矿产资源是一种特殊的国家资源,因此斯里兰卡对这一资源的开发和利用设置了相对严格的条件,特别是对于外国投资者,除非得到外汇管制部门的批准,外资企业的分支机构不得在斯里兰卡从事采矿行业。任何外资持股超过40%的公司,在斯里兰卡进行矿产开采都需要取得投资促进委员会的许可。

五、可再生能源及其政策

斯里兰卡的能源供应有三种来源,即水电、生物质能、石油。2004年,斯里兰卡全国水电能源为70.69万吨油当量,生物质能为449.44万吨油当量;全年大约进口了430.42万吨油当量的进口原油和成品油。此外,非常规的资源(主要是风能)提供了0.35万吨油当量能源资源。2004年,斯里兰卡国家能源供应生物质能约占总能源的47.3%,原油和石油产品约占45.3%,水电约占7.4%。随着国内对于电力和石油产品需求的日益增加,斯里兰卡能源部门面临较大的挑战,预计斯里兰卡全国能源需求将以平均每年3%的速度增长,到2020年将达到1 500万吨油当量。为了进一步保证斯里兰卡未来的能源供应、推进经济稳步发展,斯里兰卡政府制定了能源发展战略和长期发展目标。能源战略包括保证基本能源需求、确保能源安全、提高能源利用率并加强保护、促进本国能源发展、制定合适的价格政策、提高能源部门管理能力、提升能源服务质量等各个方面。

在制订宏观的能源计划的基础上,鉴于斯里兰卡在可再生能源领域的弱势,斯里兰卡政府还致力于发展可再生能源。2011年,斯里兰卡政府便制定了一项可再生能源生产规划,力争到2020年将可再生能源发电量占斯里兰卡总发电量的比例从7%增加到20%。对斯里兰卡来说,实现可再生能源技术的国际转让是关键。因此,斯里兰卡将大力推进技术创新,形成自己可持续发展的可再生能源生产体系。

六、森林资源及其政策

森林是维护斯里兰卡生态环境的重要载体。斯里兰卡岛上原本林木茂密，森林曾经覆盖了大部分的岛屿，但随着岛上人类活动的增加和迁徙，岛上的森林资源不断发生着变化。1956年斯里兰卡进行森林资源调查时，森林面积占国土面积的44%。近百年来，由于大量植被砍伐和工业污染，森林面积下降为200万公顷左右，森林覆盖率大幅下降，仅仅占国土面积的30%左右。

森林资源的大面积减少对当地的生态环境和气候造成了恶劣影响，各种自然灾害频繁发生，给当地造成了严重的经济损失。斯里兰卡政府部门开始重视森林资源对当地环境的重要保护作用，政府制定了植树条例，鼓励私人投资植树造林和建立全国性护林组织。除此之外，政府还制订了森林重点发展计划，从现有的森林资源中划出100万公顷作为森林重点保护区，其中包括自然保护区、国家公园、野生动植物保护区等。然而，斯里兰卡政府部门保护森林的行动未能有效地恢复森林面积，根据联合国粮农组织的统计，1990年，斯里兰卡森林面积为228.4万公顷；2014年，森林面积减至207.6万公顷。森林面积不增反降，这说明斯里兰卡森林保护举措并未实现恢复森林覆盖的目标，只是起到了防止森林面积大幅度减少的作用。

七、生物资源及其政策

斯里兰卡拥有丰富的生物资源。植物种类极其丰富，被人们形象地称为"绿色王国"；动物种类同样繁多，被人们称为"动物的天堂"。

由于斯里兰卡各地气候有所差异，因此其不同地区植物种类也呈现出明显的差异性。斯里兰卡西南部地区是热带雨林气候，适合热带植物的生长，其中最为典型的是高大的椰子树；北部和东部地区则是热带草原气候，这样的气候最适宜低矮的灌木丛和扇形棕榈的生长；中部的高山地带，由于海拔较高、气温较低，因此更适宜温带植物的生长。斯里兰卡植物种类较多，仅能够开花的植物就有上千种，因此整个国家花草丛生、景色宜人，到处是一派生机勃勃的景象。为了保护斯里兰卡植物的多样性，斯里兰卡政府积极保护森林资源。

斯里兰卡动物资源丰富，除了品种繁多的鸟类外，爬行动物、哺乳动物种类也十分丰富。斯里兰卡国土面积只有65 610平方千米，居世界第一百一十九位，但在生物多样化方面，它却是一个大国，拥有3 500多个物种，排名世界第十位。斯里兰卡现有86种哺乳动物，其中 16 种是本国所特有的。如此丰富物种的形成，主要归功于佛教"不杀生"的教义，形成了人与自然和谐共处的传统。

随着人类活动的增加和经济开发规模的扩大，斯里兰卡的生物资源面临一定的威胁，出现了动物生存环境恶化的问题。斯里兰卡政府很快意识到了生物保护的重要性，因为这不仅仅有利于其国内的可持续发展，更有利于发扬人与自然和谐共处的传统。为此，斯里兰卡政府制定了专门的法律，如《动物法》《动物疾病法》《动植物保护法》等，通过立法手段保护生物资源。此外，斯里兰卡政府还鼓励民众积极参与生物保护的行动，取得积极成果。目前，已有13个国家公园，52个自然保护区，由政府机构负责管理。100多家民间组织也积极参与生态保护工作。

第八节　生态环境

斯里兰卡国内生态环境由于人类活动的增加曾经面临较大危机：森林面积减少、生物多样性面临威胁、环境污染问题严峻、生态环境遭到破坏。但是在斯里兰卡政府的积极努力下，斯里兰卡生态环境总体良好。

为了有效保护环境，20世纪80年代开始，斯里兰卡政府开始采取相关的法律、制度干预政策以保护环境。1992年，《国家环境行动计划》开始实施，诸多以保护环境为要的举措被采纳。2003年，斯里兰卡发布了《国家环境政策和战略》，这一政策旨在对斯里兰卡环境实施有效的管理，平衡社会、经济发展需要和环境完整性的关系；将各个群体，包括中央和地方各层级的民众、非政府组织和政府的活动、利益和观点紧密联结在一起；明确环境保护责任。斯里兰卡国家环境政策主要遵循污染者赔偿、减少消费和尽可能循环使用原则，具体措施包括：根据生态环境变化有效管理土地、水、空气等；根据环境治理需要各个层级采取有效决策机制，决策机制须具有参与性、透明性、可预测性等；除了防止环境被过度开发，环境治理进程还会将修复过去对环境造成的损害事宜纳入考虑范围等。

斯里兰卡政府设有专门的政府部门，即马哈威利发展和环境部，行使环境保护职能，这一部门致力于环境和国家自然资源管理，以维持经济快速发展和自然资源利用之间的平衡，这一部门制定了斯里兰卡环境和自然资源管理方面的关键政策。

为了有效控制环境污染，斯里兰卡政府还成立了专门的环境污染控制和化学品管理部门，包括空气质量管理部门和环境质量管理部门。其中，空气质量管理部门负责制定相关政策、实施机动车排放测试计划、提高燃料质量；环境质量管理部门专门负责制定和执行水质管理及废物管理项目、可持续能源的教育和宣传方案试点项目，进行环境质量评估和参加与环境有关的投诉的行动。

第九节　行政区划

斯里兰卡的行政区划较为简单，分为9个省和25个区。9个省分别为：西部省、中央省、南部省、西北省、北部省、北中省、东部省、乌沃省和萨伯勒格穆沃省。

斯里兰卡有几个重要的大城市吸引着国内外的目光。第一大城市是科伦坡，它是斯里兰卡的行政、商业和贸易中心，位于斯里兰卡西南部海岸，素有"东方的十字路口"之称，是世界重要的港口之一。早在英国殖民时期，科伦坡就是斯里兰卡的政治和商业中心。尽管有一些新的商业、公寓和现代化的建筑点缀其间，但是科伦坡仍然保持着殖民地时期城市的原貌。康提是斯里兰卡的第二大城市，位于科伦坡东北115千米处，是中部山区商业、行政和文化中心。亭可马里位于斯里兰卡东海岸，距离科伦坡257千米，是世界上面积最大、风景最美的天然港之一。

第二章 简史

斯里兰卡在历史上有诸多称谓。中国史书中便有"狮子国""师子国""僧伽罗"等称谓。1948年，斯里兰卡独立时定国名为锡兰；1972年，成立"斯里兰卡共和国"时将国名更改为斯里兰卡。本章只有在提及斯里兰卡相关的专有名词，如"锡兰国民大会"时才使用"锡兰"，其余内容均使用"斯里兰卡"。丰富的历史文献资料、铭文石刻以及考古发现显示，早在数万年前，斯里兰卡岛上便出现了早期的居民，他们开创了斯里兰卡历史，在绵延数万年以后，一直延续到了现代。斯里兰卡独立之前的历史可以被简单地划分为三个不同的阶段，即史前史、古代史和近现代史。从古代时期开始，中斯两国沿着海上丝绸之路维持了长期的经贸往来、文化融合和政治交往。

第一节 史前史

史前史主要是指公元前3000年以前的历史。最新考古研究表明，形态解剖学上的现代智人很可能在大约公元前6万年自非洲迁徙至南亚，早在公元前2.8万年前，斯里兰卡岛就已经有人类居住。在石器时代，斯里兰卡的土著居民被称为维达人。在旧石器时代的很长一段时间里，斯里兰卡与印度半岛之间存在一座陆桥，两地居民通过这座陆桥相互往来；在旧石器时代晚期，有一种打磨石头的技术在两地之间传播。

关于石器时代斯里兰卡居民的文化认同和起源问题，现代斯里兰卡人存在着分歧。僧伽罗人认为斯里兰卡的民族文化发源于印度北部，深受雅利安文化的影响；而泰米尔人认为斯里兰卡与印度南部地区有着较高的文化相似性，斯里兰卡的文化源于印度南部的达罗毗荼人。比如，在石器时代，斯里兰卡岛上居民采用巨石葬，在入葬时将逝者放入陶瓮中，并且在葬坑的周围放上巨石，这是一种独特的文化形式和载体，在印度南部地区也有发现。这并非偶然，说明石器时代的斯里兰卡与印度有着广泛的文化传播和融合。尽管存在上述两种不同观点，但毫无疑问，斯里兰卡这两个最主要的民族都认同斯里兰卡的文化起源于印度，石器时代的斯里兰卡居民很有可能同时受到这两种文化的影响。

第二节　古代史

古代史从公元前3000年开始，一直延续到1500年前后的地理大发现时代。公元前543年，北印度王子维阇耶带领700名随从从印度南下，来到斯里兰卡，建立了斯里兰卡的第一座城市。维阇耶来到斯里兰卡后，斯里兰卡开始了有文字记载的历史。自维阇耶在斯里兰卡建立僧伽罗王朝开始，斯里兰卡先后经历了阿努拉德普勒王朝时期、波隆纳鲁沃王朝时期、贾夫纳王朝时期、科特王朝时期。

一、阿努拉德普勒王朝时期以前

阿努拉德普勒王朝时期之前的斯里兰卡，农业已经有一定程度的发展。在斯里兰卡公元前8世纪的地层中发现种植的水稻，和其他当地种类的谷物在一起。这一时期，斯里兰卡岛也已经有了陶器制作、冶金等技术的存在。

这一时期的斯里兰卡与外界也有着诸多来往，在成书于印度孔雀王朝时期的史诗《罗摩衍那》中，有关于印度教主神之一的毗湿奴化身为罗摩去征服斯里兰卡的记载。根据对斯里兰卡的堡垒发掘获得的放射性碳测定年代推断，大约从公元前8世纪起，黑红陶器便从印度半岛传播到斯里兰卡。除了与邻国印度的交流，史前时期的斯里兰卡岛还通过海路与其他国家和地区相互交换商品、交流技术和文化，古代世界贸易的一些重要商品很有可能产自斯里兰卡，如珍珠等。

❧ 二、阿努拉德普勒王朝时期

传说维阇耶是北印度一位美艳的公主和一头狮子因爱而结合的后代。来到斯里兰卡的初期，他娶了一位夜叉首领的女儿为妻，生下一对儿女。他和他的部下建立了村庄和城市，其中就有阿努拉德普勒。后来，维阇耶率领他的部下打败了当地的部族首领，在部下们推举他称王的时候，维阇耶却认为夜叉首领的女儿没有资格成为自己的王后，坚持到印度去找一个门当户对的王室公主。后来，他如愿娶到了一位印度的公主。印度公主带来了丰厚的嫁妆，还有700多名女子。这些女子与他的部下们结合组成家庭，由此繁衍下来的族群就是斯里兰卡的僧伽罗族。维阇耶的后代槃陀迦阿巴耶将阿努拉德普勒定为都城，阿努拉德普勒逐渐发展壮大，在公元前7世纪，从规模上来说，它已经可以称得上是一个城镇，是斯里兰卡最早的城市聚居点。自此，它开启了作为国都的历史，是斯里兰卡十分重要的政治中心，依此命名的阿努拉德普勒王朝延续了1 500多年。然而，维阇耶王朝的统治时间只有65年。

阿努拉德普勒时期的第二个王朝是伐沙巴建立的兰巴建纳王朝。尽管王朝的继任者曾为了王朝统治权发动过战争，公元前2世纪王朝还受到南印度的泰米尔人入侵，但是兰巴建纳王朝统治时期，斯里兰卡拥有长时间的和平与稳定。兰巴建纳王朝建设了诸多蓄水池和遍布干燥地区的灌溉渠道，这成为斯里兰卡乃至世界古代史的奇迹。这样的稳定和繁荣延续了大约4个世纪。到了5世纪，来自南印度的潘地亚人入侵斯里兰卡，夺取了王位，结束了兰巴建纳王朝的统治。

阿努拉德普勒时期的第三个王朝是摩利耶王朝。在反抗潘地亚人入侵的过程中，摩利耶家族发挥了重要的作用。摩利耶家族的达都舍那在打败了潘地亚人之后，成功地在阿努拉德普勒建立了自己的统治，这便是摩利耶王朝的开端。达都舍那大力修建寺院、水库等，推动了斯里兰卡社会和经济的发展。然而摩利耶王朝的统治并不十分稳定，从522年开始，摩利耶家族与兰巴建纳家族为王国统治权长期斗争，统治权便在摩利耶家族和兰巴建纳家族之间不断易手。在此过程中，兰巴建纳家族还与南印度的注辇王国（即朱罗帝国）时有瓜葛，且互有攻伐。

第四个王朝是统治比较松散的僧伽罗王朝。整个社会依托种姓制度而存在。早期僧伽罗文明信奉印度教，种姓在斯里兰卡文明出现伊始就已经存在，且可以视为北印度种姓制度的延续。但随着历史的发展演变，不论是僧伽罗还是泰米尔种姓都走上了与印度种姓不同的发展道路。斯里兰卡依托种姓制度形成的社会分化主要是区分了农业和非农业人口。

（一）经济发展

由于季风不能为斯里兰卡农业发展带来稳定可靠的降雨，为了解决干燥地区的缺水问题，阿努拉德普勒的王朝统治者都积极兴修水利，建立了十分完备的灌溉系统。由此，斯里兰卡的水稻大量增产，人口也逐渐增多。在阿努拉德普勒王朝的全盛时期，有400万~700万人生活在斯里兰卡北部的干燥地区，这一人口数占据了当时斯里兰卡人口总量的90%。阿努拉德普勒王朝的对外贸易同样发达，宝石、珍珠、香料等都是斯里兰卡商人进行贸易的商品。阿努拉德普勒王朝的对外贸易持续并且繁荣了好几个世纪，在当时创造了无比辉煌的历史。从7世纪开始，阿努拉德普勒王朝的对外贸易便开始衰落。

（二）文化特征

佛教自公元前3世纪从印度传入斯里兰卡之日起，便奠定了其国教的地位。除了佛教，阿努拉德普勒王朝还留下了诸多文化遗产。例如，国王卡斯亚帕在弑父登基后，担心遭到自己兄弟的报复，在西格利亚一块巨大的山顶岩石上建立了雄伟的宫殿。这一宫殿的遗迹保留至今，成为宝贵的世界文化遗产，吸引了大批国内外旅游者。

（三）对外关系

阿努拉德普勒王朝与同时期的印度保持着联系，僧伽罗族和泰米尔族间的矛盾有时也能得到缓和。阿努拉德普勒王朝统治者在不同的情势下选择不同的盟友和敌人。7世纪，僧伽罗族王子摩纳梵摩未能在本国继承王位，加入了南印度的帕拉瓦王国，并为帕拉瓦王国建立了功勋和战绩。作为回报，帕拉瓦国王借给他军队，摩纳梵摩最终夺取了阿努拉德普勒王朝的政权。摩纳梵摩统治下的王国与南亚次大陆的泰米尔王国建立了良好的关系，缓解了僧伽罗族和泰米尔族自公元

2世纪以来的紧张关系。整个8世纪,斯里兰卡岛与帕拉瓦王国建立了联盟,共同对抗潘地亚人。在10世纪,注辇王朝兴起,打败了帕拉瓦王朝。斯里兰卡的僧伽罗族不得不与潘地亚人结盟,对抗注辇王朝的入侵。993年,最后一个僧伽罗国王被注辇王朝俘虏,这个以都城地名命名、曾经一度创造无数辉煌历史的阿努拉德普勒王朝宣告结束。到了11世纪,注辇王国将斯里兰卡据为自己帝国的一个省。

三、波隆纳鲁沃王朝时期

注辇王国在统治斯里兰卡以后,把都城从阿努拉德普勒迁到了波隆纳鲁沃。自此,斯里兰卡历史转入波隆纳鲁沃王朝时期。波隆纳鲁沃距离阿努拉德普勒约100千米,对于不断受到僧伽罗人反抗的泰米尔统治者而言,这是个更易于防守的都城。

1055年,阿努拉德普勒王朝最后一任国王的儿子维阇耶巴乎称王。他带领南部僧伽罗人收复了古都阿努拉德普勒,结束了泰米尔族在斯里兰卡北部长达70多年的统治。但是,维阇耶巴乎去世以后,斯里兰卡再次走向了分裂。此后,波隆纳鲁沃多次经历统一与分裂局面。在12世纪短短半个世纪的时间里,就先后有十几位国王统治斯里兰卡,统治时间长的达几年,短的则仅数月。波隆纳鲁沃王朝一直持续到了13世纪末,摩伽王是其最后一任国王。摩伽王原本是一位马来西亚王子,后来率领一支军队攻占了波隆纳鲁沃。他以残暴著称,统治期间在斯里兰卡大肆毁寺灭佛像。随着他的去世,波隆纳鲁沃作为政治首都的历史正式结束。此后,斯里兰卡王朝的统治者便放弃了罗阇罗多[①],政治统治中心不断南迁,人口也随之大规模迁移,一度辉煌的罗阇罗多文明也走向了衰落。

(一)经济、社会、文化发展

经济方面,维阇耶巴乎以波隆纳鲁沃为中心兴修水利设施,以发展农业。社会文化方面,最突出的是佛教事业的发展。维阇耶巴乎国王在波隆纳鲁沃翻修佛教寺庙,并从缅甸邀请高僧来帮助斯里兰卡重

---

① 昔日阿努拉德普勒城有一部分国王统治下的核心区域曾由王位继承人统治,为了区分国王统治区域和继承人统治区域,这部分由继承人统治的地区被称作摩耶罗多,国王的领地则叫作罗阇罗多。

建僧团。在维阇耶巴乎的大力支持下，斯里兰卡的寺庙和衰败的佛教得以复兴。12世纪，在位的巴拉克拉玛巴乎一世国王同样整顿僧团，修葺寺院，并且重建了波隆纳鲁沃城。在历任僧伽罗王国的积极努力下，佛教逐渐成为僧伽罗族认可的正统宗教，佛牙等圣物更是成为僧伽罗政权合法性的象征。佛教是斯里兰卡古代历史发展十分宝贵的精神财富，作为上座部佛教的故乡，斯里兰卡享有极高的声望。除了佛教，波隆纳鲁沃王朝留下了诸多珍贵的文化遗产，这一时期是僧伽罗语发展的黄金时期，出现了许多诗歌和散文作品，基本都与佛教有关。

（二）对外关系

除了与邻国印度的关系外，斯里兰卡还与其他国家有着外交上的联系，如马来西亚、缅甸等国，以在必要的时候获得这些国家统治者的支持。与此前的阿努拉德普勒王朝一样，波隆纳鲁沃王朝的国王也曾得到外国国王的支持，以驱逐入侵者。维阇耶巴乎能够成功地驱赶并打败注辇王国，一个重要的原因是他得到了外部的支持。但是与阿努拉德普勒王朝不同，波隆纳鲁沃王朝的国王主动发起对外征战的军事行动。代表性国王是巴拉克拉玛巴乎，他最为伟大的政绩不仅仅在于修建城池、复兴佛教，还在于他对缅甸和印度的征服。据说，斯里兰卡和缅甸因为大象交易和侮辱使节等事件交恶，于是巴拉克拉玛巴乎一世大力建造战船，登陆缅甸，并且成功击败缅甸军队。但是，缅甸的史籍对这些事件没有相应的记载，因此这一事件的真实性令人存疑。但是，在印度和斯里兰卡发现的碑刻铭文明确显示，巴拉克拉玛巴乎一世在12世纪60年代几乎入侵了南印度的潘地亚王国，当时潘地亚王国正和注辇王国进行战争，但是潘地亚王国内部因为王位继承问题发生了内讧，于是，巴拉克拉玛巴乎一世顺势派遣军队干预潘地亚内讧，并在战斗过程中俘虏了一些泰米尔人。这在斯里兰卡历史上是十分罕见的事情。

四、贾夫纳王朝时期

13—14世纪，泰米尔人在斯里兰卡北部以贾夫纳半岛为中心建立了自己的王国。这是斯里兰卡历史上首次由泰米尔人建立的正式的王国政权。泰米尔族曾经作为外族频繁入侵斯里兰卡，与僧伽罗族的矛盾由来已久，贾夫纳王国的建立表明泰米尔族已经能够在斯里兰卡获得相对稳定且独立的统治权力。贾夫纳王国既有泰米尔人，也有僧伽罗人，僧伽罗人时常对泰米尔人的统治进行反抗。因此，尽管贾夫纳在短时期内成为一个强大的王国，但是很快又成为别国的附庸。

贾夫纳王国的经济和海外贸易有了较大发展，在印度洋的贸易中发挥了十分重要的作用。14世纪初期，在位的瓦洛塔亚·辛凯亚利延国王控制了被潘地亚人垄断的珍珠采集业。他的继任者马坦塔拥有一支十分庞大的商船队，致力于海外贸易的发展，还沿着斯里兰卡的西海岸建立了军事基地，基地一直延伸到了南方的科伦坡。1359年，马坦塔还曾向加姆波勒的僧伽罗王国征收赋税。贾夫纳王国的实力和影响力在14—15世纪时达到了巅峰，之后便进入了一个漫长的衰落期。

五、科特王朝时期

从15世纪后半叶开始，斯里兰卡的封建王朝开始衰败。在斯里兰卡全岛有许多王国，除了几个较大的王国之外，还有大大小小的地方割据势力。科特只是众多王国中一个主要的僧伽罗王国。从14世纪建立科特王国开始，一直到1565年葡萄牙殖民时期结束，科特都是斯里兰卡的都城所在地。科特王国在巴拉克拉玛巴乎六世统治时期，创造了相对辉煌的大致统一的局面，遗憾的是，并没有维持很久，在他去世之后，斯里兰卡再一次陷入了内战。首先，贾夫纳的统治者恢复了其王权，接着，其孙子的统治也被布伐奈迦巴乎六世推翻，斯里兰卡再次分化为几个不同的王国。斯里兰卡的内部矛盾给了葡萄牙人分化蚕食的可乘之机。1505年，葡萄牙人来到斯里兰卡，利用科特王室内部的矛盾，不断干涉科特王国内部事务，逐渐扩大在王国中的影响力，最终在1597年，科特王国正式被葡萄牙人接管。

（一）经济与社会文化发展

科特王国的建立，与僧伽罗族的南迁紧密相关。随着僧伽罗族的不断南迁，斯里兰卡的西南部地区也逐渐发展起来。斯里兰卡西南部地区的条件相对恶劣，但是僧伽罗人克服困难，开垦梯田，不仅种植水稻，还种植其他作物。在巴拉克拉玛巴乎六世统治期间，斯里兰卡的水稻种植业成就突出。僧伽罗族在水利、灌溉领域的智慧保证了科特王国的农业发展。在文化和社会方面，科特王国以僧伽罗族为主，国王对佛教十分虔诚，并且对佛教艺术的发展做出了很大的贡献。

（二）对外交往

科特王国仍旧面临着外族入侵的威胁。1438年，印度的毗奢耶那伽罗帝国入侵，巴拉克拉玛巴乎六世不仅发起了反击，还在1446年远征了毗奢耶那伽罗帝国在贾夫纳王国的附属地，从此控制这些附属地20年之久。1505年，葡萄牙人来到斯里兰卡，他们不仅经营斯里兰卡的海外贸易，在巴拉克拉玛巴乎八世在位的时候，还对斯里兰卡这片土地充满了占有的野心，斯里兰卡的封建王朝时期随之结束。

第三节　近现代史

1500年前后，世界进入了地理大发现的时代，全球历史进入了近现代阶段。这一时期的斯里兰卡历史主要是受到殖民统治与反抗殖民统治的历史，先后是葡萄牙、荷兰和英国的殖民统治时期。1505—1656年，斯里兰卡的沿海省份被置于葡萄牙人的名义控制和影响下；1656—1796年，荷兰东印度公司控制了斯里兰卡的大部分地区；此后直至1802年，斯里兰卡岛在英国东印度公司的控制之下；1802年以后，斯里兰卡便成为英国的殖民地。在被殖民统治的过程中，斯里兰卡的政治、经济、社会、文化都发生了较大的变化。

一、葡萄牙殖民时期

在科特王国的末期，欧洲人相继来到斯里兰卡。最初，他们还能与斯里兰卡人和平相处，但是随着海上贸易的发展，他们的野心开始展露。斯里兰卡有着丰富的香料、宝石，还有位置优越的港口，成为西方殖民者眼中的一块宝地。

1505年，洛伦索·德·阿尔梅达抵达斯里兰卡岛。1512年，一支葡萄牙使团来到斯里兰卡。1517年，当时的科特国王允许葡萄牙人在科伦坡建立贸易据点。尽管葡萄牙在斯里兰卡的人数有限，但是他们利用僧伽罗皇族的内部矛盾，挑起了科特王国内部的纷争，并且一步一步蚕食科特王国。很快，科特王国由葡萄牙人实际接管。由王国内部争斗分裂出来的悉多伐迦对葡萄牙人始终采取抵抗的策略。可是，葡萄牙人拥有强大的海上力量，他们在斯里兰卡的实力始终较为稳固，并于1597年正式接管了科特王国。在葡萄牙对科特王国殖民的早期，北方的贾夫纳王国还能独善其身。1543年开始，葡萄牙人发起了对贾夫纳王国的进攻；1591年葡萄牙人入侵了贾夫纳半岛，与王国统治者达成了允许他们在王国内传教的协议。允许天主教在一个佛教王国内传播，意味着从精神和文化上破坏了贾夫纳王国存在的根基。最终，葡萄牙人成功地吞并了贾夫纳王国。1621年以后，斯里兰卡全岛唯一还未被葡萄牙人统治的是位于内陆高山地区的康提王国。尽管葡萄牙人试图将康提纳入自己的统治之下，但是由于地形等原因，他们没有成功。1658年，在僧伽罗人和荷兰人的联合进攻之下，葡萄牙人在斯里兰卡失去了优势地位，退出了斯里兰卡，斯里兰卡沿海地区长达一个半世纪的葡萄牙殖民时期宣告结束。

（一）政治发展

尽管葡萄牙人没有能够完全将斯里兰卡全境划入自己的势力范围，但葡萄牙还是在科特地区有着较为深厚的势力。1594年，葡萄牙人开始在斯里兰卡设立总督，总督的设立标志着葡萄牙开始了真正意义上的殖民统治，这也开启了葡属锡兰时期。

（二）经济发展

斯里兰卡自古便是一个农业国家，葡萄牙人来到斯里兰卡以后，由于香料在海上贸易中有着巨大的需求，因此，葡萄牙人在斯里兰卡鼓励香料种植，从而获取更高的利润。葡萄牙人的鼓励政策，推动了斯里兰卡农业经济从以水稻为主向以香料为主的经济作物种植转型。在海上贸易方面，葡萄牙人不仅赶走了斯里兰卡的穆斯林商人，而且垄断了斯里兰卡的肉桂贸易，并将斯里兰卡的海上贸易发展到了空前规模。

（三）社会文化发展

斯里兰卡是一个佛教国家，佛教文化是斯里兰卡无形的精神支柱。伴随葡萄牙在斯里兰卡进行殖民活动的是天主教的传教活动。1557年，科特王国的统治者、布伐奈迦巴乎七世的外孙达摩波罗皈依了天主教。在达摩波罗的影响下，很快就有更多的贵族和民众加入天主教。基督教在斯里兰卡的广泛传播是在葡萄牙人来到以后才开始的。在这个国家的基督教徒中，天主教徒又占绝大多数，据有关著作记载，这一比例约为90%。直到现在，天主教徒仍然在斯里兰卡全国人口中占有相当比例。

二、荷兰殖民统治时期

1602年，荷兰海军抵达斯里兰卡。1635—1687年，在位的康提统治者罗阇辛哈二世为了驱逐葡萄牙人，向荷兰人承诺了香料专营权，条件是荷兰人必须驱逐葡萄牙人。1658年，葡萄牙人退出了斯里兰卡，荷兰人却不愿意归还亭可马里和拜蒂克洛两个城市。不仅如此，荷兰人的东印度公司还霸占了肉桂产地，占领了过去的贾夫纳王国的土地，迅速扩大了自己的实力。罗阇辛哈二世发起对荷兰人的反击，但是为时已晚，他的继任者们的一系列夺回港口的尝试也最终失败。1762年，荷兰人报复性地入侵康提，次年便被康提人驱逐。1765年，荷兰人再次入侵康提，并且洗劫了这座城市，双方在这场战争中均有所损伤，并于1766年签订了新的条约。这项条约签订以后，康提彻底成为一个内陆王国，并且失去了对外贸易的控制权。荷兰人的殖民统治一直持续到1796年，英国殖民统治者从他们手中接过了对斯里兰卡的控制权。

（一）荷兰殖民统治时期的特征

荷兰人在斯里兰卡殖民统治的时期，是斯里兰卡近代历史上较为和平的历史时期。与先前"残暴"的葡萄牙人不同，荷兰人在斯里兰卡的殖民活动主要是通过东印度公司开展的，荷兰殖民者还利用法律来统治斯里兰卡。斯里兰卡真正现代意义的法律制度的建立发生在荷兰殖民时期。17—18世纪的荷兰在重商主义的引领下发展了庞大的贸易帝国。频繁的商业活动以及遍布世界的殖民资产使荷兰需要完备的法律制度来维系帝国运转。罗马荷兰法也在这一时期被推广到荷兰在世界各地的殖民地，这其中也包括斯里兰卡。荷兰殖民者推动斯里兰卡创立了自己的法律制度，这对于斯里兰卡法律体系的建设、完善都有着极为重要的意义，产生了深远的影响，罗马荷兰法成为斯里兰卡最终形成的法律制度的支柱之一。

（二）荷兰东印度公司在斯里兰卡开展的商业和贸易活动

为了恢复斯里兰卡的经济秩序，荷兰东印度公司从南印度运来泰米尔奴隶。据记载，1659—1661年，荷兰东印度公司从南印度纳德邦等地购买了8 000~10 000名奴隶，并主要贩运到斯里兰卡。在17世纪六七十年代，共有2 000多名东印度公司的奴隶在科伦坡、加勒等地劳作，种植稻米、烟草、土豆、棉花和其他作物。1685年，科伦坡城堡中有500多名奴隶，包括妇女和小孩，做各种苦力，包括搬砖、修补城墙等。在进行奴隶贩卖的同时，荷兰东印度公司还进行着常规的贸易活动。总体而言，荷兰东印度公司的贸易活动进展得十分顺利。1670年，荷兰东印度公司便在斯里兰卡建立了贸易垄断，垄断的商品包括肉桂、槟榔、象牙、珍珠，以及其他产品。在荷兰殖民统治期间，斯里兰卡肉桂的产量仍旧非常大，继续成为殖民者的重要的利润来源。斯里兰卡肉桂被廉价的劳工采集晒干，然后辗转在欧洲以高价出售，其最终的售价是其最初成本的两倍之多。此外，为了鼓励斯里兰卡当地民众从事农业种植以保证粮食和经济作物的生产和供应，荷兰殖民者把很多无人耕种的土地无偿提供给低种姓人群。这样斯里兰卡的土地所有制在一定程度上被改变了，有利于荷兰殖民者发展农业种植，尤其是种植更多的肉桂等经济作物，以获得更大的经济利益。

（三）荷兰殖民统治给斯里兰卡带来的社会文化影响

荷兰的殖民统治对斯里兰卡的宗教信仰产生了一定的影响。在葡萄牙统治时期，一部分斯里兰卡民众信奉天主教，而到了荷兰殖民统治时期，沿海殖民地区的人们又改为信奉新教。这一新的皈依过程比较简单，因为天主教和新教的教义有着共同的内核。

三、英国殖民统治时期

在荷兰对斯里兰卡进行殖民统治期间，英国被允许在斯里兰卡的港口开展贸易。18世纪下半叶，英国东印度公司征服了印度，此时，英国已经是印度洋上举足轻重的力量。在英国于印度洋上迅速崛起的同时，荷兰东印度公司也在逐渐衰退。18世纪60年代开始，英国就向斯里兰卡的康提王国派遣使团。1782年，英国东印度公司成功地占领了斯里兰卡的亭可马里，但是他们并未与当时的康提王国统治者达成任何协议。1796年，英国东印度公司取代荷兰东印度公司，接管了荷兰在斯里兰卡岛上的控制权。1798年，除了康提王国，整个斯里兰卡都成为英国的殖民地。英国在沿海地区取得了较大胜利之后，将目光转向了唯一剩下的康提王国。1815年，英国利用康提王国内部问题，和康提的部落首领们共同废黜了国王，并且签订了《康提协定》，这一协定承认了英国在康提的主权，康提王国也被并入英国，成为英国的附属地。自此，英国便开始了对斯里兰卡全岛长达133年的殖民统治，直到1948年斯里兰卡才获得国家独立。英国的殖民统治对斯里兰卡产生了比前两个殖民统治都深刻得多的影响。

英国在斯里兰卡的殖民统治在一定程度上奠定了斯里兰卡独立以后的国家制度。为了缓和与斯里兰卡民众的矛盾，进一步提高管理效率，英国殖民者对斯里兰卡实施了一系列政治制度改革，对斯里兰卡实行有效的管理，其中较为典型的便是对斯里兰卡行政区域的划分以及司法体系的构建。斯里兰卡岛上的行政区域被重新规划，康提和沿海省份之间的区别被消除。英国殖民者还在斯里兰卡完善司法体系，设立法院，推动部分法律的设立。例如，为了保证森林土地不被随意开垦，英国政府颁布了《林木法令》。这一系列政治、行政和司法体系的改革，对后来斯里兰卡独立以后的国家道路选择、国家建设产生了深远的影响。英国殖民统治对斯里兰卡的另一深远影响便是实现了将康提纳入殖民统治之下的目标。康提的沦陷在斯里兰卡历史上具有十分重要的意义，先前一度四分五裂的斯里兰卡在英国殖民统治过程中实现了统一。

与葡萄牙和荷兰殖民者热衷肉桂贸易不同，英国在殖民统治期间，放松了对斯里兰卡肉桂贸易的垄断，但对肉桂交易征收了较高的关税，这一措施极大地降低了肉桂在国际市场上的竞争力，肉桂无法再为英国殖民者带来收益。但是殖民者很快找到了新的途径来获取利益，英国东印度公司在伦敦专家的帮助下，尝试从西方和东印度群岛移植农业和制造的技术；他们还逐渐开始根据经纬度选择在斯里兰卡移植适宜的作物，茶叶、橡胶和椰子很快成为斯里兰卡的主要经济作物，为大英帝国带来无数的财富。种植园经济在斯里兰卡迅速发展，它破坏了原来的经济形态，使斯里兰卡变成以出口上述三大产品换取粮食等生活必需品的农业国，形成了单一的、畸形的经济结构。不过，种植园经济的发展，也在一定程度上改善了斯里兰卡的基础设施。

在社会领域，当英国东印度公司赢得了对斯里兰卡的完整控制权时，斯里兰卡已经面临着较高的族群异质性。经历了三个多世纪的西方殖民统治，一部分葡萄牙人、荷兰人和英国人在斯里兰卡定居，他们与当地斯里兰卡人通婚并生下后代，这些人被正式划分且认定为一个族群，即"伯格人"，它是英国官方给予所有混合血统的人的一个"标签"，无论这些人是葡萄牙人、荷兰人还是英国人。这意味着斯里兰卡社会族群中出现了新鲜血液。

在宗教文化领域，英国殖民者在斯里兰卡大建教会学校，为学生提供奖学金，教会医院也拥有丰富的资源。因此，基督教在斯里兰卡迅速传播，当地一部分民众逐渐接受并成为基督教徒，这对于过去以佛教立国的斯里兰卡而言，是一个巨大的转变。但是，英国殖民者在斯里兰卡的宗教政策是相对宽松的，它鼓励不同宗教进行辩论，这样的辩论恰好为精通佛法的斯里兰卡僧人提供了弘扬佛教精神的机会，从而避免了宗教冲突。到了英国殖民统治后期，佛教曾出现复兴的迹象。此外，英国殖民者统治者以学校教育的方式在斯里兰卡推行英语教育，传播英国文化，这极大地推动了英语在斯里兰卡的传播。目前，英语仍旧是斯里兰卡教育体系中极为重要的语言。

第四节　斯里兰卡与古代丝绸之路的渊源

中斯两国交往的历史最早可以追溯到秦汉时期，随着古代海上丝绸之路的兴起，中国和斯里兰卡开始了两千多年的友好往来，斯里兰卡是海上丝绸之路的重要一站。

一、古代丝绸之路上中国与斯里兰卡的经济联系

海上丝绸之路首先是一条贸易之路。早在汉武帝时期，中国官方使团就已经到达斯里兰卡。《汉书·地理志》中"粤地"条末段对这条航线进行了详细的记载："自日南障塞、徐闻、合浦船行可五月，有都元国，又船行可四月，有邑卢没国；又船行可二十余日，有谌离国；步行可十余日，有夫甘都卢国。自夫甘都卢国船行可二月余，有黄支国，民俗略与珠厓相类。其州广大，户口多，多异物，自武帝以来皆献见。有译长，属黄门，与应募者俱入海市明珠、璧流离、奇石异物，赍黄金杂缯而往。所至国皆禀食为耦，蛮夷贾船，转送致之。亦利交易，剽杀人，又苦逢风波溺死，不者数年来还。大珠至围二寸以下。平帝元始中，王莽辅政，欲耀威德，厚遗黄支王，令遣使献生犀牛。自黄支船行可八月，到皮宗；船行可二月，到日南、象林界云。黄支之南，有已程不国，汉之译使自此还矣。"这条航线便是著名的古代海上丝绸之路，它是一条连接古代中国与世界的重要海上大通道。《汉书·地理志》中记载的官员率领的官方船队，出海携带黄金、杂缯（丝货），换回的是珍珠、绿宝石以及各种奇珍的记录，就已经告诉我们中国南海–印度洋上文化交流中商品贸易的状况。这条航线已经成功到达已程不国，也就是如今的斯里兰卡，这是官方记载的中国与斯里兰卡的经贸交往。除了商贸往来，中国与斯里兰卡的官方交往也较为频繁，仅在汉平帝统治时期，斯里兰卡国王曾先后派出13个代表团访问中国。可见，两国始终保持着较为良好的关系。不过，民间商贸往来少之又少。

魏晋南北朝和隋唐时期，东晋高僧法显游历斯里兰卡后回国著有《法显传》，记载他从斯里兰卡回国时，搭乘的是可容纳二百多人的商船远途航行；还零星记载了中国出口至斯里兰卡的商品，"法显去汉地积年，所与交接悉异域人，山川草木，举目无旧，又同行分披，或留或亡，顾影唯己，心常怀悲，忽于此玉像边，见商人以晋地一白绢扇供养，不觉凄然，泪下满目"；更记载了斯里兰卡如何依靠海上丝绸之路逐渐成为"大国"的，"其国大在洲上……多出珍宝珠玑。有出摩尼珠地，方可十里。王使人守护，若有采者，十分取三……诸国商人共市易，市易时，鬼神不自现身，但出宝物，题其价直（值），商人则依

第二章 简史

价直（值）直取物。因商人来、往、住故，诸国人闻其土乐，悉亦复来，于是遂成大国"。《梁书》中也曾提到，"郡（南海郡）常有高凉生口及海舶每岁数至，外国贾人以通货易。旧时州郡以半价就市，又买而即卖，其利数倍（这里的'外国贾人'当然包括天竺、师子国的商人在内）"。斯里兰卡商船将本国珍贵的宝石、珍珠出口到遥远的中国，又从中国的港口购买大量丝绸、香料回到斯里兰卡以高价卖出。

隋唐时期，由于陆上丝绸之路被切断，海上丝绸之路发展到了繁盛阶段，斯里兰卡与这条海上大通道之间的经济联系也随之深化。中国有明确记载到达斯里兰卡的航线和航程日期。根据唐代地理学家贾耽记载，广州通海夷道一共分为二段，前段以广州为起点，沿七州列岛，抵越南东南海域，进入马六甲海峡，然后沿苏门答腊出十度海峡，抵达斯里兰卡北部的摩诃帝多港，再沿印度西海岸到达波斯湾头的巴士拉。除了贾耽的记载，《新唐书》中同样有关于斯里兰卡的记载："又北四日行，至师子国（今斯里兰卡），其北海岸距南天竺大岸百里。"斯里兰卡北部的摩诃帝多港是古代海上丝绸之路的重要港口。此外，《唐大和上东征传》也记载了斯里兰卡商船在广州通商贸易的景象，其中提道，"江中有婆罗门（今印度一带）、波斯（今波斯湾一带伊朗和阿拉伯国家）、昆仑（今马来半岛印度尼西亚等东南亚国家）等船，不知其数；并载香药、珍宝，积载如山。其舶深六七丈。师子国（今斯里兰卡）、大石国（即大食国）、骨唐国、白蛮（指今欧洲人）、亦蛮（指今非洲人）等往来居住，种类极多"，其中，以"师子国舶最大，梯而上下数丈，深六七丈，长二十丈，可载六七百人"。可见，斯里兰卡沿着海上丝绸之路与沿线各国的贸易不断深化，他们不仅将本国商品远销海外，还大量购买别国商品供本国使用。隋唐时期，中国的瓷器成为海外商人钟爱的货品，在斯里兰卡多有出土中国古代瓷器，其中包括长沙窑器物等，这一时期中国与斯里兰卡的瓷器贸易十分发达。

宋元时期，海上丝绸之路发展到鼎盛，斯里兰卡与之经贸联系也进一步加强。记载宋朝关于海上丝绸之路上斯里兰卡的航线路径的《大德南海志》提到，广州的商船"货通狮子国"，"北风二十余日到南毗管下细兰国"，这里的"细兰国"便是斯里兰卡。不仅如此，宋朝文献中还记录了斯里兰卡商人交易的主要商品，包括猫儿睛、红宝石等，购入檀香、丁香、脑子、金、银、丝帛等商品，可见斯里兰卡海外贸易的繁荣。

遗憾的是，1296年，元朝政府认为"舶（泊）船至岸、隐漏物货者多"，便下令禁止海商与各藩国进行交易。到了明清，海上丝绸之路的发展迎来了最后的高潮。明朝初年，郑和七下西洋，其中多次抵达斯里兰卡。马欢是跟随郑和下西洋的通事，他在其所著的《瀛涯胜览》中记载，有5个国家与中国有瓷器交易，斯里兰卡正是其中之一；海上丝绸之路上的28处瓷器交易之所中有9处用于交易青花瓷，斯里兰卡名列其中。从斯里兰卡发现的瓷器遗迹也能证明这一点，从8—9世纪的唐末期，直到14—15世纪的元末明初，中国产的陶瓷器，仅在印度、斯里兰卡以西，东非以东的地方，就发现了70多处的遗迹，可见斯里兰卡对中国瓷器的喜爱，斯里兰卡沿着海上丝绸之路与中国进行了非常频繁的商业贸易。然而，郑和下西洋以后，明王朝统治者实施海禁、清朝统治者实行闭关锁国，斯里兰卡在海上丝绸之路上与中国的贸易逐渐衰落，这一时期的典籍中也少有关于斯里兰卡贸易的记载。

西方殖民统治斯里兰卡时期，海上丝绸之路完全由殖民当局掌控。斯里兰卡沦为殖民者的原材料生产基地。在葡萄牙和荷兰殖民时期，斯里兰卡经历了长时间的"肉桂的诅咒"。到了英国殖民统治时期，茶叶则成为斯里兰卡的主要出产商品。1824年，欧洲人把中国茶籽引种到斯里兰卡，但是这没有引起当时人们的足够重视。1841年，德国人瓦姆从中国带回茶苗，植于罗斯却特咖啡园。后来瓦姆和他的兄弟在斯里兰卡又进行了多次茶苗、茶籽种植的尝试，最终他们聘请的中国工人制出了第一批茶叶。此后，英国殖民者不断加紧茶叶在斯里兰卡的试种，1866年泰勒用中国武夷种茶树鲜叶正式试制红茶样茶成功，从此英国殖民统治者采取鼓励斯里兰卡茶叶种植的政策，斯里兰卡茶树种植面积不断扩大，1875年斯里兰卡种植茶的面积为1 080英亩（1英亩约合4 046.86平方米），1880年达到了14 266英亩。1880年斯里兰卡有茶园13个，产茶1 300箱，1886年茶园很快增加到了900多个，可见茶叶种植在斯里兰卡发展之快。到了19世纪80年代，中国的茶叶很快被印度和斯里兰卡茶叶所取代，斯里兰卡成为英国继印度之后的第二大殖民地茶叶生产地区，茶叶输出量大增。

1900年，斯里兰卡茶叶出口量达到了14 926.5万磅，斯里兰卡成为仅次于印度、中国的世界第三大茶叶出口地区。这些茶叶被商船沿着海上贸易的航线带到欧洲，为英国殖民者带来了丰厚的商业利润。

二、古代丝绸之路上中国与斯里兰卡的文化交流

斯里兰卡沿着海上丝绸之路，向外传播其辉煌灿烂的文化，特别是其佛教文化。在魏晋南北朝至隋唐时期，佛教文化交流主要由两国统治者推动，民间的佛教僧侣也沿着海上丝绸之路，为两国文化交流贡献了自己的力量。从宋元时期开始，中国与斯里兰卡的文化交流开始向佛教以外的领域发展，开展了较为广泛的文化交流。

406年前后，也就是中国的东晋时期，斯里兰卡国王听说中国皇帝崇奉佛教，便派遣使者沙门昙摩航海向东晋统治者送来一尊四尺高的玉佛像，这尊玉佛像历经十年，直到义熙二年（406年）才抵达南京。在南朝宋元嘉五年（428年），斯里兰卡国王刹利摩诃派遣使者来到宋朝，并且"托四道人谴二白衣送牙台像"，送给了中国的皇帝，佛牙是斯里兰卡的国宝，"牙台像"便是供奉佛牙的台座模型，这是斯里兰卡国王赠送给他国的最珍贵的礼品。到了元嘉十二年（435年），刹利摩诃再一次派遣使者来华，向中国贡献小乘佛教经典。大通元年（527年），斯里兰卡国王曾向梁国递交国书，希望与"共弘三宝，以度难化"。《梁书·诸夷传》中记载，斯里兰卡国王伽叶伽罗诃梨耶曾于大通元年向南朝梁国递交国书，"谨白大梁明主：虽山海殊隔，而音信时通。伏承皇帝道德高远，覆载同于天地，明照齐乎日月，四海之表，无有不从，方国诸王，莫不奉献，以表慕义之诚。或泛海三年，陆行千日，畏威怀德，无远不至。我先王以来，唯以修德为本，不严而治。奉事正法道天下，欣人为善，庆若己身，欲与大梁。共弘三宝，以度难化。信还，伏听告敕。今奉薄献，愿垂纳受"。"三宝"是佛宝、法宝和僧宝，"共弘三宝"表明了斯里兰卡国王向中国传播佛教文化的意愿。

隋唐时期，斯里兰卡统治者继续努力向中国弘扬佛教。742年，斯里兰卡国王尸罗迷伽派遣大使来到中国，带来许多珍珠、金饰品、宝石、象牙和白色平纹布，进贡给皇帝唐玄宗。《新唐书》对此有记载，"总章三年，遣使者来朝。天宝初，王尸罗迷伽再遣使献大珠、钿

金、宝璎、象齿"。746年,尸罗迷伽再次派遣使者来到大唐,以国王名义送来了佛经。仅仅4年以后,也就是750年,斯里兰卡国王又一次向中国进献象牙、珍珠等宝物。《册府元龟》有记载,"(天宝)五载正月,狮子国王尸罗迷伽遣婆罗门僧灌顶三藏,阿日伽跋折罗来朝,献钿金、宝璎及贝叶梵写《大般若经》一部,细白氎四十张";"天宝九载年三月,狮子国献象牙珍珠"。

斯里兰卡向海上丝绸之路各国弘扬佛教的行为,不仅有统治者的努力,还有斯里兰卡僧众的参与。中国古代典籍中记载了一部分斯里兰卡高僧和比丘沿着海上丝绸之路来到中国,在中国弘扬佛教的事迹:义熙八年(412年),斯里兰卡的僧伽跋弥在庐山般若台东精舍和其他120名僧众一起翻译《弥沙塞律抄》一卷;姚秦弘始中(即409—413年),译经大师、佛教高僧鸠摩罗什在关中弘扬佛法时,有来自斯里兰卡的婆罗门与鸠摩罗什门下弟子辩才。在南朝刘宋时期,比丘尼戒法由斯里兰卡传入中国。《比丘尼传》记载,元嘉六年,有外国舶主难提,从师子国载比丘尼来至宋都,住景福寺。(元嘉)十年,舶主难提复将师子国铁萨罗等十一尼至。先达诸尼,已通宋语,请僧伽跋摩于南林寺坛界,次第重受三百余人。这些斯里兰卡的比丘尼来到中国以后,中国的尼姑可以直接受比丘尼戒,这对于中国佛教发展有着十分重要的意义。

斯里兰卡沿着海上丝绸之路弘扬佛教文化的努力,吸引了诸多中国僧人向其求教佛教经典。其中最负盛名、对后世影响最为深远的便是东晋高僧法显。5世纪,高僧法显在65岁高龄时从中国出发,到达印度后又抵达斯里兰卡,在斯里兰卡居住了两年。两年以后,法显搭乘商船,沿着海上丝绸之路,于东晋义熙八年(412年)终于返回祖国,在山东登岸。后来,法显把在斯里兰卡的见闻著成《法显传》(又名《佛国记》)。《法显传》记载,"师子国多出珍宝珠玑……城中建有佛齿精舍,皆七宝所作,王净修梵行,城内人敬信之情亦笃。无有饥丧荒乱,众僧库藏多有珍宝、无价摩尼。城中多居士长者、萨薄商人,屋宇严丽,巷陌平整,四衢道头皆建说法堂,每月八日、十四日、十五日铺施高座,道俗四众皆集听法……城北有座高四十丈的大塔,塔边建有一寺,有五千僧。其东一寺,有僧二千人;王城南有摩诃毗诃罗,有三千僧,全国有僧六万人;王城经常供养五六千僧;每年三月，国王主持盛大的佛牙游行和供养法会"，可见佛教在当时的斯里兰卡具有十分崇高的地位。

从宋元时期开始，斯里兰卡与中国的文化交流开始向佛教以外的领域发展。宋朝时期，斯里兰卡与支持佛教发展的辽国有较多往来，989年，这时中国正值南宋王朝，斯里兰卡派遣使者出访辽国，以加强与辽国在佛教领域的交流。《辽史》中有以下记载："辽圣宗统和七年二月甲寅，师子国来贡。"辽国还专门设有王府以供斯里兰卡人使用。到了元代，中国与斯里兰卡沿着海上丝绸之路开展了包括医药在内的文化交流，这些交流同样以两国统治者的推动为主。《元史》记载："至元十年春正月己卯，命诸王阿不合市药狮子国。至元二十一年，亦黑迷失召还。复命使海外僧伽剌（罗）国，观佛钵舍利，赐以玉带衣服鞍辔。二十二年，自海上还。"1273年，忽必烈派遣其长子阿不合前往斯里兰卡进行药品贸易，到了1284年阿不合才奉诏返回。可见，元朝统治者对斯里兰卡医药有着浓厚的兴趣，对弘扬佛教也有着较大的共识。

明清时期，郑和下西洋将中国和斯里兰卡的文化交流推向了又一个高潮。郑和在造访并停留斯里兰卡期间，曾经对斯里兰卡的佛寺进行布施。据《布施锡兰山佛寺》记载，他"布施锡兰山立佛立寺供养一千钱，银五千钱，各色纻丝五十匹；织金纻丝宝幡四对，红二对，黄一对，青一对；古铜香炉五个，戗金座朱红金香炉五个，金莲花五对，香油二千五百斤，蜡烛一十对，檀香一十炷"。郑和布施时所立的石碑后来在斯里兰卡被发现，现在已经成为中国和斯里兰卡交流史上的珍贵文物。郑和下西洋结束以后，由于明朝实施海禁政策，海上丝绸之路逐渐衰落，中斯两国文化交流逐渐减少，直至斯里兰卡沦为西方列强的殖民地，两国文化交流一度中断。

三、古海丝路上中国与斯里兰卡的政治交往

从魏晋南北朝至隋唐再到宋元时期，斯里兰卡在持续向中国传播和弘扬佛教的时候，均是派遣使团、递送国书，这同时加强了与中国的政治交往。

在政治交往方面，元朝是个特例。元朝时期著名的航海家亦黑迷失曾奉元世祖的命令，作为官方使臣到达包括斯里兰卡在内的南亚各

国，这比郑和下西洋早了130年。亦黑迷失六次出海，先后于1273年、1284年、1291年和1293年四次前往斯里兰卡。《元史》对此有着较为详细的记载："至元二十八年冬十一月壬寅，遣左吉奉使新合剌的音。至元二十九年冬十月壬寅，信合纳帖音国（今斯里兰卡）遣使入觐。至元三十年冬十月己丑，遣兵部侍郎忽鲁秃花等使阁蓝可儿纳答、信合纳帖音三国。仍赐信合纳帖音酋长三珠虎符。"同时，1292年，斯里兰卡亦派遣使者来到中国。可见，中斯两国的政治关系之友好。

到了明代，斯里兰卡与中国王朝的政治联系进一步加强。1405—1433年，郑和七次下西洋，将珍贵的金银、钱币、丝绸和瓷器等赠送给当地的国王。斯里兰卡出土的郑和《布施锡兰山佛寺碑》证明了两国的友好关系。碑文用中文、泰米尔文、波斯文三种文字写成，分别记载了对佛教释迦牟尼、印度教毗湿奴、伊斯兰教真主安拉的敬奉之辞，现在珍藏于科伦坡博物馆。更值得一提的是，郑和在第三次下西洋期间甚至影响了斯里兰卡科特王国的政局。当时科特王国的统治者是维拉·阿拉凯室瓦拉。郑和第一次下西洋到达斯里兰卡时，他欲加害郑和等人，郑和及时识破其阴谋。郑和第三次下西洋回国时，再一次经过斯里兰卡，维拉·阿拉凯室瓦拉再次索要郑和船队的财物未果，便计划抢夺郑和船队的物资，遭到郑和一行的反抗，最终被郑和生擒回国。这位维拉·阿拉凯室瓦拉国王在中国史书中被称为亚阿烈苦奈儿。《明实录》这样记载："及和归，复经锡兰山，遂诱和至国中，令其子纳颜，索金银宝物，不与，潜发番兵五万余劫和舟，而伐木拒险，绝和归路，使不得相援。和等觉之，即拥众回船，路已阻绝，和……乃潜令人由他道至船，俾官军尽死力拒之，而躬率所领兵二千余，由间道急攻王城。破之，生擒亚阿烈苦奈儿并家属头目。"随后，郑和在斯里兰卡王室亲属中选择贤能，另立了新君，并将维拉·阿拉凯室瓦拉遣送回国。有史学家认为，这位得到郑和支持并被立为新君的是巴拉克拉玛巴乎六世；但是也有人认为中国扶持的国王并不是他，他是在废黜了中国扶持的新君以后才登上王位的。但是，可以肯定的是，在巴拉克拉玛巴乎六世统治时期，斯里兰卡和中国明朝之间保持着良好的关系。斯里兰卡曾派遣王子来访中国，王子却在回国途中定居在了福建泉州，被明朝皇帝赐姓为"世"，"世"姓后代现仍定居在泉州和台湾。除了曾派遣王子来访，斯里兰卡还派遣其他使者多次到达中国。对此,《明史》也有相应的记载。例如,《明史》卷七中记录:"是年永乐十四年(1416年),占城、古里、爪哇、满剌加、苏门答剌(腊)、南巫里、浡泥、彭亨、锡兰山(斯里兰卡)、溜山、南渤利、阿丹、麻林、忽鲁谟斯、柯枝入贡。"根据《明史》的记载,永乐十四年(1416年)、永乐十九年(1419年)、永乐二十一年(1421年)、宣德十年(1435年)、天顺三年(1459年),斯里兰卡均曾派遣使者来华,这些被派遣出访中国的斯里兰卡使者每次都携带珍贵的礼物,如珍珠、珊瑚、宝石、水晶、金戒指、西洋布、乳香、木香、树香、檀香等。

郑和下西洋之后,海禁政策被实施,海上丝绸之路现衰落之势。到了16世纪,斯里兰卡亦面临着西方殖民者入侵的威胁,与中国王朝的政治交往也逐渐终止。

第三章 政治

1948年2月4日独立以后的锡兰（后改为"斯里兰卡"），建立了完整的政治体系，拥有独特的国家标志，多次修改和完善宪法，实行三权分立制度，议会是立法机构，总统和政府行使行政权，最高法院是其司法机构。斯里兰卡已经形成了稳定的多党竞争体系，在中央地方关系上，实行单一制。

第一节 国家标志

斯里兰卡的国家标志有国名、国旗、国徽、国歌、国树、国花和国鸟。

一、国名与国旗

斯里兰卡全称为斯里兰卡民主社会主义共和国。

斯里兰卡国旗的雏形是其最后一任国王即兴创作的成果，国旗上有一只手握战剑的狮子。1948年锡兰独立以后，雄狮旗被定为锡兰的国旗。首任总理森纳那亚克任命了一个委员会进行国旗的设计，委员会设计出了以雄狮为主要形象，同时带有绿色和橙色条形的国旗。1950年，委员会的设计通过，锡兰的国旗正式确定。1950年3月3日，锡兰国旗第一次冉冉升起。锡兰国旗中的狮子代表了僧伽罗族，狮子握住的剑象征着国家主权，剑柄突出象征了水、火、气和土；狮子头上卷曲的毛发象征着宗教仪式、宗教智慧和宗教沉思，胡须代表着话语的纯洁，鼻子象征智慧；橙色条状代表了泰米尔少数民族，绿色条状代表了伊斯兰少数民族，国旗的黄色边框则代表着其他少数民族。国旗四角的菩提树叶象征着佛教对于斯里兰卡的重要影响，同时也象征着善良、友好、幸福、平静。

二、国徽

1972年，斯里兰卡现版国徽被启用，这一版本国徽由1952年所采用的国徽修改而成，在1952年采用的国徽基础上去除了王冠和书有"锡兰"国名的绶带。斯里兰卡国徽中心图案为持剑的狮子，外围是莲花，再围以盛于宝瓶中的稻穗，上有法轮，左下方有月，右下方有日。

三、国歌

锡兰独立后，国内对于创作一首国歌的呼声越来越高。在一系列音乐作品中，阿南达·萨马科尼以僧伽罗语创作的歌曲被确定为国歌。1952年，锡兰庆祝独立四周年纪念日时，锡兰国歌初次被唱响全国，下面是斯里兰卡国歌歌词的中文译文：

顶礼，顶礼，母亲！
礼敬、礼敬、礼敬、礼敬母亲！
美丽富强，
极为安全的圣土，
五谷丰收，花果齐全，
充满胜利的亲爱土地，
创造了舒适、成功、幸福生活的母亲，
容我们虔敬膜拜您。
礼敬、礼敬母亲，我们的斯里兰卡，
礼敬、礼敬、礼敬、礼敬母亲！

您是我们的智慧，
您是我们的真理，
您是我们的力量，
我们致以忠诚的心。
您是我们的光，
我们的灵魂，
您是我们的生命，
我们愿意守护您。
母亲啊，赐予我们新生命，
启发我们的思想，引领我们直到自由、胜利，
团结一致，结束对立分裂，
相亲相爱到永远。
礼敬、礼敬母亲，我们的斯里兰卡，
礼敬、礼敬、礼敬、礼敬母亲！

四、国树

1986年2月，铁木树被确定为斯里兰卡的国树，之所以选择铁木树为斯里兰卡的国树，是因为铁木树发源于斯里兰卡，十分实用，具有历史和文化价值，拥有美丽的外观，在斯里兰卡分布广泛，勾勒描绘它的形象比较容易。铁木树拥有浅红色的叶子，这些红色的叶子会慢慢转变为绿色。铁木树的木材在早期被广泛用来建造桥梁等。后来，由于宗教原因，铁木树的木材被禁用，因为人们相信，佛陀第一次来到斯里兰卡，便是在一片铁木树林中逗留的。铁木树的花能够用来制作草药、香水等。

五、国花和国鸟

1986年2月，斯里兰卡确定蓝色睡莲为国花。蓝色睡莲象征着纯洁、真理和自律。当地佛教徒和印度教徒经常用此花献佛、敬神，它还经常出现在斯里兰卡古代文学作品之中。

斯里兰卡的国鸟是黑尾原鸡。黑尾原鸡是斯里兰卡特有的一种鸟类，它色彩斑斓，主要分布在斯里兰卡的丛林之中，这些鸟晚上喜欢栖息在高高的树上，在感受到威胁的时候，也会飞上枝头。

第二节　宪法

斯里兰卡在历史上有过四部不同的宪法。1931年，英国殖民统治者颁布了一部宪法，是斯里兰卡历史上首部宪法，但是不久之后便被废止了，没有产生很大影响。影响比较大的是英国殖民统治当局在1946年颁布的《索尔伯里宪法》。1948年锡兰独立伊始，沿用了《索尔伯里宪法》，这部宪法规定：斯里兰卡实行议会民主制政府形式，立法机关是议会，包括众议院和参议院。由普选产生的众议院多数党或多数党联盟指定政府总理，总理及其内阁组成行政机关，行使行政权。《索尔伯里宪法》存在着一定的弊端，它没有通过不同民族群体之间的协商，而是由殖民统治者、僧伽罗精英主导的部长委员会和以森那纳亚克为代表的僧伽罗精英群体共同制定的。

独立后的锡兰到目前为止颁布了两部本土意义上的宪法，分别为1972年宪法和1978年宪法。1972年5月，在当时的执政党斯里兰卡自由党及其联盟的推动下，斯里兰卡颁布了第一部本土意义上的宪法。1972年颁布的宪法规定设立总统，取消参议院，改两院制为一院制国民大会，议会是国家最高权力机关，实行内阁制。尽管设立了总统，但是议会的权力被强化，因而当时的斯里兰卡政体仍旧具有英国式议会制的主要特征。1972年宪法颁布以后，尽管自由党相关政策有效消除了殖民主义经济势力，但由于国有化对经济管控过紧，斯里兰卡经济增长停滞、市场萧条、商品匮乏、经济滑坡。也正因为如此，自由党在1977年大选中落选。1978年上台的统一国民党对斯里兰卡政治经济进行了一系列改革，其中包括颁布了1978年宪法，斯里兰卡一直沿用1978年宪法。宪法规定，斯里兰卡废除内阁制，实行法国式的总统制、共和制；总统为国家元首、武装部队司令和政府首脑；总统由人民选举，任期六年，主持内阁会议，并且可以担任重要内阁部长职务；总理和内阁各部部长由总统任免。宪法还规定斯里兰卡是一个自由、拥有主权、独立的民主社会主义共和国，为单一制国家，实行三权分立制度，多党竞争。斯里兰卡宪法规定主权在民，主权包括政府的权力、基本权力和选举权。

1978年宪法自生效以来经历了多次修订，构成斯里兰卡的现行宪法。在历次修宪过程中，对总统权力的界定和划分一直是一个十分重要的议题。2010年9月8日，斯里兰卡议会以绝对多数票通过了宪法第十八条修正案，取消总统任期限制，这在很大程度上扩大了总统作为国家元首的影响力。2015年5月25日，在斯里兰卡新政府的推动下，议会通过了宪法第十九条修正案，又改变了总统任期无限制的规定，规定总统只能连任两届[1]，这是自1978年贾亚瓦德纳成为斯里兰卡总统以来对宪法的最重大的改革。此外，第十九条修正案恢复了第十七条修正案的许多规定，包括：成立宪法大会，代替总统行使此前专属总统的部分行政权；宪法大会可以建立一些独立的委员会，像选举委员会、公共服务委员会、国家警察委员会等。2017年8月23日，斯里兰卡政府向议会提交了第二十条宪法修正案，要求：各省议会在同一天举行选举；具体进行选举的日期由议会决定。这一修正案最终未能通过。

斯里兰卡宪法共分为24章，内容涉及人民、国家和主权、佛教、基本权利、语言、公民、国家政策指导原则和公民的基本义务、包括总统内阁和公共服务在内的行政机关、立法机关、立法程序和权力、司法机关、宪法修订、全民投票、选举权和被选举权、宪法颁布和废止等。

第三节　政党

斯里兰卡在殖民统治时期便受到英国殖民统治的影响，形成了西方式的多党民主选举制度。统一国民党和自由党在斯里兰卡政治舞台上轮番执政，但遗憾的是，斯里兰卡政党始终没有摆脱家族政治的倾向。

---

[1] 拉贾帕克萨因通过宪法第十八条修正案扩大自身总统权力，普遍被外界视为独裁统治。他在参加2015年大选时也遭到自己队友的倒戈，最终败给西里塞纳。

一、主要政党

（一）统一国民党

统一国民党于1946年9月6日成立于科伦坡，由以唐·斯蒂芬·森纳那亚克为首的国民大会党与僧伽罗大会党等几个政党合并而成，该党经过长年发展已逐渐成为斯里兰卡重要政党，并是唯一一个在独立后于所有议会中拥有代表的政党。统一国民党主要代表大工商资产阶级、大地主和大种植园主的利益，近年来也注意在农村和青年中发展党员。在1990年统一国民党第三十六届年会上，统一国民党表示将为在斯里兰卡建设公正、合理的社会和经济秩序而努力。统一国民党政治上主张建立自由公正的社会；民族上主张民族独立，维护国家统一；宗教上主张赋予佛教最高地位，同时保障其他宗教的权利；经济上主张自由化的经济政策，鼓励发展私人资本，进行市场化竞争；外交上主张和平和中立的外交政策。根据2016年数据，统一国民党有党员80万~100万人，其最高机构为由90人左右组成的工作委员会。

（二）自由党

自由党成立于1951年9月2日，是其国内又一重要政党。它是由统一国民党成员班达拉奈克于1951年退出后建立的。自由党宣称代表斯里兰卡广大人民群众的利益，是斯里兰卡唯一的民主力量。在政治上，斯里兰卡自由党主张坚持民主社会主义，标榜"中间道路"。经济上曾主张国有化政策，但是很快重新调整，奉行开放的市场经济政策，强调发展强大的民族经济；外交上坚持不结盟的外交政策，支持南亚地区合作。与统一国民党相比，自由党的路线偏左，但与平等社会党等极左政党相比，仍属于中庸路线。自由党党员有65万人，中央设有中央委员会和执行委员会，以选区为单位设立地方委员会。

（三）泰米尔全国联盟

泰米尔全国联盟成立于2001年10月，由泰米尔联合解放阵线、伊拉姆人民革命解放阵线、泰米尔伊拉姆解放组织和全锡兰泰米尔大会党四个泰米尔政党组成，总部位于斯北部泰米尔人聚居的贾夫纳。泰米尔全国联盟主张泰米尔人具有民族自决权，呼吁政府保护泰米尔人权利。2011年以来，该党与斯里兰卡政府就民族问题政治解决方案展开多轮对话。

（四）其他政党

除了上述政党外，斯里兰卡其他政党的影响力相对较小，但是在议会选举过程中经常能够左右政局。其他政党中，左翼政党发展较为迅速，影响较大的有平等社会党、人民解放阵线和斯里兰卡共产党等。平等社会党成立于1935年，是斯里兰卡历史最悠久的政党。人民解放阵线是左翼政党中最著名的党派，成立于1965年。1971年人民解放阵线发起了一场震惊全国的武装暴动，在政府毫无防备的情况下迅速攻占了斯里兰卡中南部的很多城市，后来政府花了8个月左右的时间才平息了这场暴动。斯里兰卡共产党是斯里兰卡的共产主义政党，它的前身是1943年成立的锡兰共产党，但是后来被斯里兰卡殖民当局禁止；于1943年7月3日由维克勒马辛哈和克尼曼等人重新创建，1972年正式改名为斯里兰卡共产党。斯里兰卡共产党致力于争取民主、民族团结和社会正义。

二、斯里兰卡的政党体制

早在20世纪三四十年代，在斯里兰卡民族独立运动的过程中，斯里兰卡一些接受了西方先进教育的有识之士便成立了一些政党和组织，以此开展民族独立运动。1946年，斯里兰卡颁布了《索尔伯里宪法》，规定斯里兰卡实行英国式两院制议会，众议院享有立法权，众议员由普选直接产生，由普选产生的众议院多数党或者多数党联盟指定政府总理。议会的设立为斯里兰卡政党竞争和运转提供了良好的舞台。

斯里兰卡实行多党制，由两个以上的政党参与政党竞争。但是事实上，在独立以后的大多数时间里，斯里兰卡政党制度呈现出两大党相互竞争的态势，政党竞争主要集中于统一国民党和自由党之间。1947年8月，斯里兰卡举行议会选举，当时的统一国民党获得了大选的胜利，成为斯里兰卡独立后的第一个执政党。1951年，班达拉奈克从统一国民党中退出，另外建立了自由党。在1956年大选中自由党获得了胜利开始上台执政。1972年，斯里兰卡宪法颁布，将英国式两院制议会制度改革为一院制。1978年的新宪法又将议会制改为总统制，这意味着政党需要在总统大选和议会大选中均有所斩获才能最大限度地保证本政党的利益。斯里兰卡基本形成了以统一国民党和自由党这两大党轮番执政为主的局面，但有时两党都无法独自获得绝对优势，常常需要联合其他小党形成联盟，以赢得选举。

1978年以来，斯里兰卡国家领导人基本来自两个党派，即统一国民党和自由党，1978—1994年，斯里兰卡国家领导人均来自统一国民党；从1994年开始，自由党通过联合执政方式屡屡在大选中胜出。

伴随着统一国民党和自由党的长期竞争，在这两大党党内都出现了较强的家族政治色彩。斯里兰卡独立之时统一国民党领导人为森那纳亚克，之后他的儿子和侄子都曾作为统一国民党领袖参加选举并且当选。1948—1956年，斯里兰卡总理先后分别由森那纳亚克及他的儿子杜德利·森那纳亚克、他的侄子高德拉瓦拉担任，杜德利·森那纳亚克甚至三度当选，最后一任任期为1965—1970年。统一国民党内部的家族政治是班达拉奈克退出的重要原因之一，但是斯里兰卡自由党也没有避免家族政治倾向。1956年，班达拉奈克当选斯里兰卡总理，1959年遇刺之后，他的夫人西丽玛沃·班达拉奈克于1960年当选总理。1994年，他们的女儿钱德里卡·库马拉通加夫人出任总统，并任命她的母亲西丽玛沃·班达拉奈克为总理。家族政治成为斯里兰卡政党政治一个十分重要的特点。

第四节　议会

斯里兰卡议会是最高立法机构，在斯里兰卡国家政治中具有极为重要的作用和地位。

一、议会形成和改革过程

斯里兰卡议会雏形形成于殖民时期。1833年，殖民统治者在斯里兰卡成立了行政议会和立法议会，这是斯里兰卡最早的立法机构。1944年，斯里兰卡借鉴英国议会模式，议会由女王和两院组成，两院为众议院和参议院，当时的众议院由101名议员构成，而参议院则由30名议员构成。

独立以后,斯里兰卡的议会制度几经改革。1971年,参议院被废止;1972年,斯里兰卡议会正式由两院制变为一院制。议会名称也几经易改。1948年斯里兰卡独立以后议会为众议院,由100多名议员组成;1972年议会改名为国家立法议会;1978年斯里兰卡宪法颁布以后,才正式更名为议会。不同时期斯里兰卡议会名称与议员数目如表3-1所示。

表3-1 不同时期斯里兰卡议会名称与议员数目

议会名称	时期(议员数目)
立法会	1833—1931年(49名成员)
国民大会	1931—1947年(61名成员)
众议院	1947—1972年 (101名成员,1960年后变为157名)
国家立法议会	1972—1978年(168名)
议会	1978年至今(225名)

数据来源:根据斯里兰卡议会官网自制。Parliament of Sri Lanka, http://www.parliament.lk/en/handbook-of-parliament/evolution-of-the-parliamentary-system.

斯里兰卡宪法规定,任何具有选举权的公民均有资格成为斯里兰卡议会议员。如果公民符合以下条件之一,便失去成为议员的资格,包括:斯里兰卡总统;司法官员或公职人员或国有企业的工作人员;警察、陆军、海军或者空军;法律规定的未解除债务破产者或者破产者;被选举成为一个以上选区的候选人或者被选举成为同一个选区一个以上政党的候选人等。

斯里兰卡于2015年8月选出的议会议员共有225名,其中196名从多数议席选区选出,29名从比例代表中选出。议员由普选产生,任期五年。议会席位分布情况如下:统一国民党106个席位,统一自由联盟席位95个席位,泰米尔全国联盟16个席位,人民解放阵线6个席位,穆斯林大会党和伊拉姆人民民主党各1席。

二、议会权力与运转

斯里兰卡现行宪法规定,议会有权制定法律,包括具有追溯效力的法律,关于废除、修改或增补本宪法的任何条款的法律。但是议会无权制定关于中止实施宪法的任何部分的法律和关于废止全部宪法的法律，制定新宪法取代本宪法的法律不在此限。议会不能放弃或以任何方式转让立法权，也不得设立拥有任何立法权的代理机构；议会有权弹劾总统、法官和其他官员，而总统有权召集、延迟或结束立法程序并解散议会。

斯里兰卡议会运行遵循相应的议事原则，即议员在议会辩论和行动的固定程序，现行的议事原则是随1978年宪法的颁布同时确定的，指明其主要目的是规范议会运转的规范性和秩序性。根据议事原则，议会必须设立常务委员会，委员会由议长、副议长、副主席和其他六名委员组成。委员会的任务是审议议会的事务程序和管理相关事宜。议事原则还规定了大选后的第一次会议的时间；议员选举、议长、副议长和副主席的选举方式；新当选议员的官方宣誓誓词；议会的法定人数和职能；弹劾总统、法官和其他官员的程序等内容。

第五节　总统

根据斯里兰卡宪法的规定，总统由选民直选产生，任期五年，最多连任两届。在总统任职期间，如果总统由于患病或不在国内而无法履行职责，总理将被委任行使、履行总统的职权和职责。内阁部长将被任命为总理。总统的竞选应该在上一任总统离职前一两个月内完成。

斯里兰卡总统是国家元首、国家行政和政府首脑，同时还是武装部队总司令。首先，对于议会，总统的权力包括：按照法律的有关规定召集、宣布和解散议会；在每届议会会议开始时，主持议会仪式；随时出席议会，并向议会发布信息；享有除议会投票权以外的议员的一切特权；对任何违反议会或议员特权的行为不承担责任。其次，对于政府内阁，总统负责主持内阁会议。总统既是内阁成员，又是内阁首脑。如果内阁被解散，并不影响总统的继续任职；总统还可以根据需要变更内阁的组成，但是这种改变不能影响内阁的连续性以及内阁对议会负责的连续性。最后，斯里兰卡宪法还赋予总统其他方面的权力，包括：要求公民投票；接受和承认任命和认可大使、高级专员、全权代表和其他外交代表；任命总理、内阁部长、最高法院首席大法官和其他法官；宣布战争与和平；在行使上述权力时，总统不得违反宪法或成文法的规定，需要按国际法、习惯或惯例行事。

尽管斯里兰卡宪法明确规定了总统的权力和地位，但是在实际政治生活中，总统的权力不可避免地会发生变化。2010年9月通过的宪法第十八条修正案取消对总统任期的限制，这无疑是总统权力扩张的表现。2015年5月通过的斯里兰卡宪法第十九修正案，重新恢复了总统任期制度，规定了总统在内阁部长任命事宜上必须咨询总理意见，在一定程度上限制了总统的权力。

斯里兰卡现任总统为迈特里帕拉·西里塞纳，1951年9月3日出生，1989年首次当选议员，1994年起历任灌溉与马哈威利发展部副部长、农业部部长、卫生部部长等职，2001年任自由党总书记，2015年1月以反对党共同候选人身份当选总统，同月当选自由党主席，2018年12月，当选总统兼国防部部长、马哈威利河发展与环境部部长。迈特里帕拉·西里塞纳曾先后十余次访华。

第六节　政府

斯里兰卡的行政权由总统和内阁共同行使，内阁便是狭义上所说的政府。内阁在总统的领导下行使国家行政权力。总统任命他认为最受议会信任的议员为总理，然后，总统与总理进行磋商，确定内阁部长的人数、部门数目和各部部长主管事项和职能的分配，随后任命议员为部长。总之，内阁成员由总统和总理磋商后任命，但内阁集体是对议会负责的。

2015年8月，斯里兰卡举行第十五届议会选举，统一国民党领袖拉尼尔·维克勒马辛哈领导的良政国民阵线获胜，成为议会第一大党。2018年12月，斯里兰卡组建新一届内阁。内阁成员包括总统、总理、部长在内共30人。主要成员有：总统兼国防部部长、马哈威利河发展与环境部部长迈特里帕拉·西里塞纳，总理兼国家政策、经济事务、回迁重置、北部发展、技能与职业培训、青年事务部部长拉尼尔·维克勒马辛哈，财政与大众媒体部部长曼格拉·萨马拉维拉，外交部部长提拉克·马拉帕纳，城市规划、水资源、高等教育部部长劳夫·哈基姆，工商、流民安置与合作发展部部长里沙德·巴蒂于廷、发展战略、国际贸易与科学技术研究部部长马利克·萨马拉维克拉马、港口、航运与南方发展部部长萨格拉·拉特纳亚克等。另有3名非内阁部长、17名国务部长和7名副部长。

第七节　司法机关

斯里兰卡司法权独立于立法权和行政权，由司法机关行使。

一、司法机关结构及其权力

斯里兰卡宪法规定，维护保障和加强人民权利的司法机关有：斯里兰卡共和国最高法院、斯里兰卡共和国上诉法院、斯里兰卡共和国高等法院和议会规定设置的其他一审法院、法庭或机构。最高法院和上诉法院都是上级民事、刑事法院，拥有此类法院的一切权力，包括对无论是在法庭上或其他场所发生的对各该法院的藐视罪处以各该法院认为适当的监禁、罚款或两项并罚。

最高法院于1972年宪法通过以后成立，由6~10名法官组成，由总统签发委任状任命，拥有以下权力：有关宪法争讼的管辖权；保护基本权利的管辖权；最后上诉管辖权；法律咨询管辖权；选举申诉管辖权；关于侵犯议会特权的管辖权；议会以法律赋予或规定的其他诉讼的管辖权。具体来说，最高法院有审理和裁决一切有关解释宪法的质疑的唯一专属管辖权，在任何其他法院、法庭、根据法律授权执法或行使司法或准司法职能的机构的诉讼过程中，如果产生此类疑问，应立即提交最高法院裁决。不仅如此，最高法院还有权纠正上诉法院、任何一审法院、法庭或其他机构的一切事实错误或法律错误，最高法院对一切案件的判决和裁定都是最终的和结论性的。

上诉法院依照相关法律规定行使上诉管辖权，包括：对任何一审法院、法庭或其他机构的事实错误或法律错误进行纠正；通过受理上诉、二审或恢复原状等方式，对一审法院、法庭或其他机构有权审理的诉讼事由、起诉、控告、公诉等一切案件行使唯一专属裁判权。上诉法院还拥有并且行使议会以法律形式赋予或规定的一切其他权力和原诉或上诉管辖权。

除了最高法院和上诉法院以外，斯里兰卡还设有高等法院和议会规定设置的其他一审法院、法庭或机构。依法设立的行使刑事管辖权的最高一审法院称为斯里兰卡共和国高等法院，该法院行使议会以法律形式赋予或规定的管辖权。

二、司法机关运行原则

斯里兰卡司法机构遵从司法独立的原则。国家宪法规定："最高法院首席法官、上诉法院院长以及最高法院和上诉法院的每个法官均由总统签发委任状任命。上述法官只要品行良好应当常任，如不是由总统根据议会的要求发布免职命令则不得予以免职。议会须根据证据确凿的行为不端或不适任并得到全体议员（包括缺席议员在内）的过半数支持方可向总统提出某法官应予免职的要求。但是，向总统提出上述要求的决议案，至少须有全体议员的三分之一签名并需列出所指控的行为不端或不适任的详细材料，议长才能考虑或列入议会提案通告簿。"由此可以看出，尽管各级法院首席法官由总统任命，但是一旦任命以后，首席法官便具有较高的独立权力，不受总统的过多干涉。议会和总统同时具有对法官的监督之责，必须达到相应的要求才能对法官进行免职。议会保留对高等法院、其他法庭和机构的权力、职责、管辖和工作程序予以变更、撤销或修改的权力。

斯里兰卡最高法院还有权对关于总统选举的任何法律诉讼做出裁决，因此，最高法院还肩负着对总统的监督之责。但有关总统选举的诉讼应由最高法院的至少五名法官审理并做出裁决，首席法官应是其中之一，除非首席法官另有指示。

第八节　中央和地方的关系

斯里兰卡宪法规定，斯里兰卡是单一制国家，仅有一套宪法和中央国家机关体系，各省作为次一级的行政单位受到中央的领导，但享有一定的自主自治权力。国家宪法对中央和地方的权力分配做出了明确规定，但是，由于种种原因，斯里兰卡中央和地方权力在运转过程中还是出现了一些挑战。

一、中央与地方权力分配

（一）行政权的分配

1978年斯里兰卡宪法第十三条修正案通过后，斯里兰卡各省拥有了省议会等地方权力机构。宪法规定，每一个省份均应建立一个省议会，议长由总统任命。省议会的行政权应由该省的议会长直接行使或通过部长委员会的部长或通过宪法规定的下属行使。部长委员会应有一个领导者，总共不超过四人，对省议会长的工作进行指导，而省议长应根据这些指导行使职能。各省省议会独立自主，并不隶属于中央政府任何部门。省议会由人民选出，是省级治理机构和地方机构，负责管理市政和其他地区事务。中央议会赋予各省议会选举议会成员、制定选举标准的权力，各省级议会还拥有自行处理议会相关事务的权力等，不过，省议会不能控制领土和警察。

（二）司法权的分配

修订后的宪法规定，各省都应该设立一个最高法院以行使地方司法权力，省级最高法院的首席法官应该从斯里兰卡最高法院的最高法官中任命。省级最高法院应该根据斯里兰卡最高法院的相关法律在各省内行使司法权力。

（三）财政权的分配

斯里兰卡各省在财政上拥有一定的自主权利。在第十三条宪法修正案通过以前，议会对国家财政实行全面控制。任何地方当局或其他公用当局非经议会通过的法律或现行法律授权不得征收任何税、捐、费。共和国的各种尚未依法规定用途的基金为"统一基金"；各种税收、进口税、财产税、关税，以及不属于专用的共和国的一切其他岁入和收益一律上交统一基金；公债利息、偿债基金付款、同统一基金的征集保管有关的各种杂项费用、支出和开销，以及议会确定的其他开支，均由统一基金支付。一般情况下，非经财政部部长签发批准书不得从统一基金中提取任何款项。在中央政府的严格管控下，斯里兰卡地方政府在财政方面几乎没有自主决定的权力。宪法第十三条修正案规定了在省级应该设立一个财政委员会，财政委员会由斯里兰卡中央银行的行政长官、财政部秘书和由总统任命的三名国家议会的代表等成员组成，财政委员会有权根据年度预算报告支配预算资金。

综上所述，尽管斯里兰卡宪法第十三条修正案在行政、司法和财政方面赋予了地方一定的自主权力，以往中央对地方严格的掌控局面被改变，但是，斯里兰卡单一制的国家结构并没有改变。

二、中央与地方关系的运转

斯里兰卡中央政府希望保持对地方的有效管理，维持单一制的国家结构形式，但是，由民族矛盾引发的分离主义势力则希望中央减弱对地方的控制，地方拥有更大的自治权，甚至是完全的独立。斯里兰卡地方分离势力主要来自泰米尔族，泰米尔人要求地方分权的历史经历了三个阶段：20世纪50—70年代通过政治途径、20世纪80年代至2009年通过暴力途径和2009年以来通过政治途径。

锡兰独立初期，实行了一系列优待僧伽罗族的政策，导致僧泰两族矛盾激化。1956年大选时，泰米尔人将数个政治团体合并成锡兰联邦党，以便更有利地在议会中争取各种平等权益，他们向中央提出了地方自治的有关诉求，要求在泰米尔人占高比例的地区（如东部省和北部省）建立泰米尔自治邦。锡兰中央政府对锡兰联邦党的利益诉求做出了回应，1957年6月，班达拉奈克总理和锡兰联邦党领导人契尔瓦纳亚甘姆签订了班契协定，同意向锡兰北部和东部泰米尔人聚居地区下放权力。然而，放权遭到了僧伽罗人的强烈反对，最终未能得以实现。

1972年，斯里兰卡第一部本土宪法废除了多民族选区制，意味着西部泰米尔人仅有的代表也没有了，泰米尔人通过选举、立法等政治途径改善本民族境遇的可能再一次被降低。随着大量倾向性政策（如大学考试改革、语言政策等）的出现，泰米尔青年人中滋生了分离主义。泰米尔族开始转向采用分离自治、武装斗争手段争取本民族权利。1976年，泰米尔联合阵线通过了建立独立泰米尔国的决议，并且将泰米尔联合阵线改为泰米尔联合解放阵线，要求在泰米尔人聚居的东部和北部地区实行自治。1977年，斯里兰卡政府尝试做出一些努力安抚泰米尔人的情绪，然而，1983年由于民族矛盾激化，斯里兰卡内战爆发。

斯里兰卡政府为了改善民族不平等状况，缓和国内政治局势，制定了一系列权力下放政策，其中最为重要的是宪法第十三条修正案通过的地方议会计划。地方议会计划要求斯里兰卡立法权和行政权下放给八个地方议会，这些议会根据代表比例选举产生。每个省都有一个总统提名的执政官，执政官的任期由总统决定，执政官有故意违宪、腐败或者行为不当等情况时，议会可以弹劾。除了立法权和行政权，权力下放还包括司法权的下放，在省一级建立高级法院，高级法院有权处理违法事件的一审和二审。可是事实上，这些权力下放政策并没有得到有效实施。

2009年斯里兰卡内战结束以后，斯里兰卡的泰米尔人仍在争取通过政治途径维护本民族的利益，实现中央对地方权力的下放，获得地方自治，但是并没有取得突破性的进展。

第四章 军事

斯里兰卡具有悠久的军事历史。在独立以后，斯里兰卡建立了较为完善的国防体制和军事制度。后来，内战爆发时期，斯里兰卡陆海空三军实力不断增强，最终斯里兰卡政府成功结束内战。内战结束以后，斯里兰卡仍旧积极与世界各国开展军事合作，保持与各国的军事联系，增强国家安全。

第一节 独立前的军事史

大约公元前543年，维阇耶王子来到斯里兰卡，随着他的到来，斯里兰卡产生了历史上的第一次军事对抗。维阇耶王子杀死了掳走他侍从的女王，并且战胜了他的对手。后来，由于经常面临外敌的入侵，因此古代斯里兰卡军队在一次又一次抵御外敌入侵、实际作战的过程中，不断地提升自己的能力。在斯里兰卡古代历史上，有很多君主具有超强的军事才能。例如，公元前200年的杜图伽摩奴国王，据说其骁勇善战、善于组织，曾多次与外敌交手且获胜，是斯里兰卡历史上一位十分著名的君主。虽然已知的碑文记录并不能表明斯里兰卡统治者有一支全职的常备军，但是，相关传说、地名都证明，古代斯里兰卡有骑兵、象兵和步兵，这些军队时刻确保皇家权威。后来因为需要，民兵们也被动员起来并在军事职责完成以后回去从事农业生产。可见，早在古代时期，斯里兰卡便具有了一定的军事实力。

到了近代殖民时期，由于受到殖民统治的影响，斯里兰卡军事力量失去了独立自主的能力，仅仅具有象征和仪式作用。特别是在殖民

第四章 军事

统治后期，斯里兰卡军事力量已经无法发挥保护本国国土安全的作用，而是成为殖民统治者的工具，用以维持统治者在当地至高无上的地位。在葡萄牙统治时期，当时的殖民军事力量主要为保护殖民贸易而建立。一方面，殖民者在岛上建立了与海上贸易航道相通的军事前哨；另一方面，岛内出现了西式军事建筑，例如，科伦坡军事要塞呈现出西方中世纪城堡的设计，外层是简单的土城墙、一条壕沟和一条护城河，将不同身份的人划清了界限，也宣示着殖民统治者的中心地位。还有证据表明，斯里兰卡武器生产开始于葡萄牙殖民时期，这一时期，斯里兰卡军队使用的武器不仅包括传统的弓箭、剑、矛，还有步枪、火炮。武器装备的多样化是僧伽罗军反抗外国统治者的成熟的标志。和葡萄牙人一样，荷兰殖民者也在斯里兰卡海岸线附近建立了很多城堡和壕沟，以维护海上安全。在内陆地区，仅设立了基础的军事城堡来抵抗康提王国。荷兰的军事要塞仅允许军事人员、公司高层和自由的殖民者及其后代进入。英国殖民者在1815年占领全岛殖民后，1824—1831年，在康提和科伦坡之间修建了大量公路以巩固英国对康提省份的军事控制，随后，兴建铁路等现代交通设施，引入西方的现代器物，开启了斯里兰卡军事的现代化进程。

与葡萄牙和荷兰殖民统治者不同，英国殖民统治者在斯里兰卡进行了一系列军事改革，完善了军队建制。最显著的是，英国吸收了大量斯里兰卡当地人加入军队，事实上，在英国殖民统治初期，英国殖民统治者有自己的军队来保卫这个岛，这些军队包括海军舰艇、炮兵部队和步兵，总部设在亭可马里。1796年，为荷兰殖民者服役的是瑞士人和马来人，后来他们被雇用到不列颠东印度公司，这些人在1802年成为英国指挥官领导下的第一个斯里兰卡军团。后来，更多的僧伽罗人和马来人被招募到英国军队中。1817年，由僧伽罗人和马来人组成的兵团被命名为锡兰步枪团。1848年，马塔雷起义爆发，此后，英国殖民统治者便暂停招募僧伽罗士兵。1861年，英国殖民统治者再次开始征召非英国籍士兵，组建成锡兰轻步兵志愿军；1910年，这些志愿军都被改名为锡兰国防军（CDF）。锡兰国防军参加了第一次世界大战，很多人在战斗中献出了自己的生命。第二次世界大战期间，国防军队伍再一次被扩充，增加了诸如工程兵、机械工程师等建制。第二次世界大战结束以后，国防军的建制又恢复正常。

第二节　独立后的国防体制

独立初期，锡兰与英国签订了共同防御协定，其国防安全仍然对英国有着较高程度的依赖，国防体制还不成熟。1949年，原国防军和皇家海军志愿预备队解散。但实际上，志愿军的其他许多旧单位仍然存在于军队中，从那时起，志愿军就不断成长，这些志愿军在必要时成为正规部队的力量。自锡兰北部爆发敌对行动以来，志愿军一直与从事反叛乱行动的正规部队并肩工作。1949年10月10日，锡兰颁布了陆军法第十七条，建立起由陆军司令部负责的常规军力量，并任命了军官将领。司令部最初仅仅是由能够保持军队正常运转最低需求的人员组成，后来越来越多的军队单位被建立起来，司令部也逐渐扩大。但是，这一时期，锡兰的军官大都接受英式军事训练，在迪耶特拉沃有一个英国军队训练队，斯里兰卡新上任的军官会接受这个训练队的训练和指导。1950年12月9日，锡兰颁布了海军法，正式成立了锡兰皇家海军。同年，在英国皇家空军的帮助下，锡兰成立了皇家空军。尽管此时的斯里兰卡军队在很大程度上只具有象征意义，而不具备良好的实战能力，但在英国军队的帮助下，锡兰逐步建立起了自己的国防体制。

1971年开始，锡兰进入六年的国家紧急状态，军队的主要目标转变成结束国内混乱局面、维护国家内部稳定，锡兰开始大力发展国防力量，国防体制的建设进入了一个新的时代。斯里兰卡军队人数从1971年的10 000名上升至1973年的18 000名，来自印度、苏联、美国、巴基斯坦的援助和其他外援使斯里兰卡国内国防装备更加精良。根据1972年斯里兰卡颁布的宪法，斯里兰卡军队全体官兵宣誓效忠斯里兰卡共和国；锡兰皇家海军正式更名为斯里兰卡海军；锡兰皇家空军改名为斯里兰卡空军。20世纪70年代中期，斯里兰卡空军的任务重心为运输和通信，后因面临内战压力，国内安全变为重点。1983年，斯里兰卡空军恢复战斗能力，原来斯里兰卡军队建设中的英国烙印开始消退，国防体制建设基本围绕反对国内分离势力斗争展开。从20世纪80年代起，斯里兰卡颁布了预防恐怖主义的相关法律，组建了几乎全部由僧伽罗人组成的维稳部队。

  2009年内战结束以后，斯里兰卡军队面临的维稳压力相对较小，在人道主义和建设援助等领域发挥日益重要的作用。斯里兰卡军队曾在相关部门的组织下，为近300 000名境内无家可归者提供援助，此外，斯里兰卡军队曾向海地和黎巴嫩的联合国特派团派遣了部队，还向联合国驻刚果民主共和国、南苏丹等特派团派遣了观察员。

  斯里兰卡总统为武装部队总司令，最高国防决策机构为国家安全委员会，总统兼任主席，成员由国防部部长、国防国务部部长、国防部常秘、国防参谋长、陆海空三军司令、警察总监共同构成。斯里兰卡国防部部长有时由总统兼任，相较而言，国防部常秘与斯里兰卡国防事宜有着更加直接和密切的联系，国防部常秘作为国家安全委员会的重要成员，在国防领域发挥至关重要的作用。

  斯里兰卡的武装力量由正规军、预备役部队和警察组成。正规军分陆、海、空三个军种。斯里兰卡设有国防部，这一部门为保障本国安全服务，宗旨是打造一个安全、和平的国家，任务是确保领土主权完整、国家安全，制定和执行相关战略和政策。国防部的职能包括：制定国防相关政策和项目，制订相关计划；提供军事设备和军队服务；维护国内安全；提供情报服务；与来访军队维持关系；为国防人员提供高等教育等。

第三节 独立后的军事制度

  独立以后，锡兰逐渐建立了相对完备的军事制度，包括兵役制度、军衔制度、国防教育制度等。

  斯里兰卡兵役制度已经趋于完备，陆、海、空三军军队面向全国范围征召军官和士兵，军队为军官和士兵提供薪水和津贴，还有完备的医疗设施、保险服务。斯里兰卡三军征召标准涵盖教育程度、基本素质和婚姻状况等，针对军官和士兵设置的标准并不相同，通常而言，针对军官设置的标准较高，而针对士兵设置的标准较低。例如，斯里兰卡陆军军官招收标准如下：男军官要求年龄在18~22周岁，体重不低于50千克，至少通过包括英语和僧伽罗语或泰米尔语在内的四门考试，未婚；女军官则要求掌握英语，通过僧伽罗语或泰米尔语考试，年龄18~22周岁，未婚等。陆军士兵的征召标准为：男性要求通过相关考试，年龄在18~24周岁，身高五英尺四英寸（1英尺等于12英寸，约合0.304 8米），未婚；女性同样要求通过相关考试，年龄在18~22周岁，身高五英尺二英寸，未婚等。

斯里兰卡军队主要分为陆军、海军和空军，三军军衔制度已经完备。斯里兰卡陆军军官共分为10个不同的等级，分别为：陆军上将、陆军中将、陆军少将、陆军准将、陆军上校、陆军中校、陆军少校、陆军上尉、陆军中尉和陆军少尉。斯里兰卡海军军官也分为10个不同的等级，分别为：海军上将、海军中将、海军少将、海军准将、海军上校、海军中校、海军少校、海军上尉、海军中尉和海军少尉。斯里兰卡空军军官等级沿袭了英国传统，设有10个不同的军官等级，从高到低分别为空军上将、空军中将、空军少将、空军准将、空军上校、空军中校、空军少校、空军上尉、空军中尉和空军少尉。

斯里兰卡国防教育主要由国防类大学和国防部承担。斯里兰卡拥有几所国防类大学，例如，约翰·科特拉瓦拉爵士将军国防大学，是一所全国性、国际性的大学，培养本科生和研究生。1979年，斯里兰卡武装部队向政府建议，青年军官应该拥有更高的学历。随后，一个由服务人员和大学官员组成的研究小组被派往印度参观印度的国防学院。这个研究小组返回时，建议斯里兰卡成立国防学院。1980年，约翰·科特拉瓦拉爵士将军再次强调了建设国防学院的必要性，随后国防学院的建设被提上日程。鉴于约翰·科特拉瓦拉爵士将军对于国防学院建设的重要贡献，在他1980年10月2日去世时，政府和服务部门决定以他的名字命名学院。1980年10月，约翰·科特拉瓦拉爵士将军国防学院正式诞生。斯里兰卡另一所国防类大学是国防服务指挥与参谋学院，它成立于1997年，旨在为斯里兰卡军队培养具有指挥与参谋知识的学生军官，同时也为斯里兰卡海军和空军选拔出来的军官提供培训。除了国防类大学外，斯里兰卡国防部还为银行、政府等安保人员提供必要的安保培训，讲授防火、灭火、安全职责、公共关系的处理、武器装备和使用、处理炸弹威胁等相关内容。

第四章 军事

第四节 三军组织结构及其实力

陆军、海军和空军是斯里兰卡最重要的三大军种,是国防力量的中流砥柱。

陆军是斯里兰卡军队系统的重要组成部分,被称为"国家的守护者"。斯里兰卡陆军包括贾夫纳司令部、东部司令部、西部司令部等在内的7个司令部;有包括斯里兰卡装甲团、斯里兰卡火炮团等在内的24个团级建制;还有包括斯里兰卡军事学院等在内的11个训练中心。此外,斯里兰卡陆军还包括陆军志愿军。斯里兰卡陆军志愿军的历史最早可以追溯到1861年的斯里兰卡志愿军运动,1972年,锡兰的志愿部队正式改名为斯里兰卡陆军志愿军。最初,这支队伍力量较小,但是它逐渐参与到维护国家主权的运动中,已拥有99个营级单位以及1个训练中心。斯里兰卡的陆军实力在独立以后不断增强,根据斯里兰卡陆军拥有的武器数量,2017年斯里兰卡陆军实力在全球排名为第七十五位。

海军是斯里兰卡的"防御第一线",其使命是根据国家政策在海上进行迅速、持续的战斗活动。斯里兰卡海军有7个地方指挥部,分别是东部海军指挥部、西部海军指挥部、北部海军指挥部、北西部海军指挥部等。海军由海军总司令领导,总司令听从国防部部长、国家总统的指挥。在斯里兰卡参谋长和海军管理委员会的共同协助下,斯里兰卡海军总司令在位于科伦坡的海军总部对海军进行作战指挥和行政管理。海军管理委员会由总干事、通用电气和电子工程干事、训练干事等12人组成。根据斯里兰卡海军拥有的武器数量,2017年斯里兰卡海军实力在全球排名为第五十八位。因此,从全球军事实力排名来看,斯里兰卡的海军实力比陆军强大。

斯里兰卡空军旨在利用空中武装力量,维护国家安全,肩负着培训、装备和部署一支专业空军,利用核心能力,开展空中业务,以支持国家安全的责任,因此斯里兰卡空军被称为"天空的保护者"。斯里兰卡空军总司令是最高长官,除了空军总司令,还设有参谋长、副参谋长、空中指挥官、地面指挥官等职务。斯里兰卡空军主要具有以下能力：防空能力，探测、识别和打击任何在斯里兰卡境内或企图侵入斯里兰卡领空的敌对飞机，这一能力是斯里兰卡空军的核心能力；监视和侦察，包括在斯里兰卡的领土内（包括专属经济区内）进行战略和战术航空侦察；电子战，即利用电磁迷惑敌人等；空袭，即在任何天气条件下的精确打击能力；武装保护，即保护空军重要资产和设施能力等。根据斯里兰卡海军拥有的武器数量可知，2017年斯里兰卡空军实力在全球排名为第八十三位。因此，从全球军事实力排名来看，其实力在三军中是最弱的。

第五节　国防政策

出台有关国家防务安全与军队发展规划的国防政策是提高一国国防能力的重要基础。独立以来，斯里兰卡的国防政策已经有一定的发展，但是仍然有待健全和完善。

总体来看，斯里兰卡国防部负责本国国防事宜，与斯里兰卡海军、陆军、空军、国防基金、国家情报局等10个部门进行协调，维护国家安全，进行国防教育等。西里塞纳总统在2015年4月23日上任百日演讲中曾提道："斯里兰卡国家安全能力已经有所加强，我们需要一个新的国家安全的行动计划。"

斯里兰卡迄今没有相应的国防装备生产政策，国防装备与设施主要通过招标的方式进行采购。相关招标信息公布在斯里兰卡国防部官方网站上，符合条件的企业可以进行申请。斯里兰卡国防部发布了《投标邀请书》，对于不同背景的企业设置的申请条件有所不同。通常情况下，斯里兰卡国防部对于本国企业设置的门槛较低，对国外企业设置的门槛较高。2018年2月，斯里兰卡为陆军需要的训练装备、国防技术系统所需要的信息通信技术等设备设施进行招标。

除此以外，为了更好地维护国家安全和稳定，斯里兰卡允许合法设立私人安全机构，但是设立私人安全机构，必须遵照斯里兰卡有关部门的法律规定进行注册登记，没有进行登记设立相关机构是非法行为。截止到2002年，斯里兰卡国防部已经发放了209个私人安全机构的经营牌照。

第六节　军事战略

由于经历了长时间的内战，斯里兰卡形成了以维护国家稳定、和平为主，同时积极参加联合国军事行动的军事战略。

斯里兰卡陆、海、空三军肩负着维护国家稳定和安全的使命，陆、海、空三军已经具有一定的军事实力，相关制度也已经建设得相对健全。在政府的推动下，斯里兰卡军事实力稳步提升、军事现代化逐渐展开。2009年内战结束以后，斯里兰卡军事战略以维护国内稳定为主，因此，军民关系，特别是在贾夫纳地区的军民关系是斯里兰卡军事战略中十分重要的部分。斯里兰卡经历了长达30年的内战，内战期间，贾夫纳地区的民众生活充满了不确定。内战结束以后，贾夫纳地区服役的士兵数量急剧减少，军民关系有待缓和。因此，斯里兰卡国防部决定在贾夫纳地区采取"军民协调战略"，以缓和军民关系，从而有效治理贾夫纳半岛。斯里兰卡国防部在贾夫纳市中心开设了一个"民政事务和公共关系办公室"，这一部门向公众开放，军事人员可以通过相关渠道向这一地区需要帮助的民众提供帮助。

斯里兰卡还积极参与联合国组织的军事行动。斯里兰卡在联合国设有常驻代表团，通过这一常驻代表团，斯里兰卡积极参与联合国的军事行动，如维和行动、打击恐怖主义等。

第七节　军事合作

独立以后，为了维护本国安全和稳定，斯里兰卡积极与各国开展军事合作行动，建立军事合作机制，访问军事高层人员，进行演习、训练交流等。

斯里兰卡积极与各国签署双边军事合作机制，主要有条约、协定和备忘录等形式。独立初期，斯里兰卡与英国签署《共同防御协定》，允许英国在斯里兰卡驻军，同时为驻扎在斯里兰卡的英国军队提供必要的财政支持；英国军队则为斯里兰卡提供训练指导服务。1972年，斯里兰卡军队开始走向独立发展的道路，斯里兰卡开始寻求与英国以外的国家签订合作协定。1987年，斯里兰卡与印度签署《印斯和平协定》，印度派遣印度维和部队进入斯里兰卡北部的贾夫纳地区。2017年8月2日，斯里兰卡国防生产部秘书长和印度国防部官员见面，签署了军事合作备忘录。

斯里兰卡还积极与各国开展军事访问和军事合作，与各国建立了良好的军事关系。2015年6月9日，斯里兰卡海军司令访问中国；2016年1月17日，由导弹护卫舰"柳州号"、"三亚号"和综合补给舰"青海湖号"组成的中国海军第二十一批护航编队抵达斯里兰卡科伦坡港，对斯里兰卡进行为期5天的友好访问。2018年，尼泊尔陆军参谋长访问斯里兰卡，双方就诸多事项达成一致。内战期间，斯里兰卡政府与以色列合作，建立反谍报和国内安全组织，并且由以色列帮助斯里兰卡培训安全技术，提供必要的武器支持。澳大利亚、马来西亚、巴基斯坦、美国和俄罗斯等国也帮助斯里兰卡军队打击恐怖主义。

除了军事合作机制、开展军事访问和军事合作，斯里兰卡还积极和各国开展军事演习、进行训练交流。21世纪以来，斯里兰卡与各国开展的军事演习数量逐渐增多，规模也逐渐扩大。2015年3月29日，斯里兰卡陆军与中国武警部队开展首次"丝路协作-2015"联合训练。2017年9月，斯里兰卡还主办了"鸬鹚打击-2017"多国联合特种演习，各个国家积极参与和响应，较大幅度地推动了斯里兰卡与各国的深度合作。

第五章　文化

斯里兰卡人民在悠久的历史中，创造了丰富灿烂的文化。斯里兰卡文化形式多样、内容丰富，有丰富多元的语言文字、硕果累累的文学著作、绚烂夺目的艺术形式。随着现代科技的发展，斯里兰卡在电影等领域也有非凡造诣。斯里兰卡政府致力于保护本国传统文化，设有专门的政府部门为国内文化发展提供必要的政策帮助。

第一节　语言文字

斯里兰卡人主要使用僧伽罗语、泰米尔语和英语三种语言。其中，僧伽罗语和泰米尔语是斯里兰卡官方语言，是使用最为广泛的语言，英语为斯里兰卡上层社会所使用。

僧伽罗语是斯里兰卡主体民族僧伽罗族主要使用的语言，一部分被同化的维达人也使用僧伽罗语。除了北部省以外的大部分地区都使用僧伽罗语，使用人口约为1 506万。僧伽罗语属于印欧语系，最早的文字是婆罗米字母，7—8世纪才逐渐演变为僧伽罗体文字，并一直沿用至今。僧伽罗语与印度南部的达罗毗荼语近似，共有54个字母，字母有36个，还有18个表示梵语语音的字母。僧伽罗语在发展过程中，还受到了巴利语等其他语言的影响。

泰米尔语是达罗毗荼语系中最古老、最丰富且结构严密的语言，也是世界上最古老的语言之一，有超过2 000多年的历史，是斯里兰卡泰米尔族人主要使用的语言，一部分摩尔族人也使用泰米尔语。泰米尔语包括12个元音，18个辅音，除了标准的文字之外，泰米尔语还从格兰塔文中借了6个字母，用于书写梵语和标示当地未使用的一些发音。

在近代，斯里兰卡成为英国殖民地以后，英语成为斯里兰卡的官方工作语言。1829年，英国派遣专门的委员会对斯里兰卡行政情况进行调研，即科尔布鲁克·卡梅伦委员会。这一委员会于1833年向英国政府提交了一份政策报告，这是与斯里兰卡殖民地语言政策有关的第一次官方声明，报告中提出了有关语言规划的建议。1830—1833年，英语作为教学语言被引入斯里兰卡各级学校，从而确定了英语作为行政、教育和法律语言的地位。该报告还指出，在全国各地的本地主要工作人员需要具备英语语言能力。但由于大多数人口不熟悉英语，因此允许以有限的方式使用本土语言。在英国殖民政府大力推广下，尽管僧伽罗语和泰米尔语仍然是斯里兰卡主体语言，但是英语在其语言系统中始终占有较高地位，为上层社会普遍使用，这种情况一直延续到了现在。

斯里兰卡独立以后，政府采取的语言文字政策曾出现一些偏差。但是在经过一系列变化与调整后，斯里兰卡语言文字政策逐渐趋于公平、合理。1956年，班达拉奈克领导的锡兰自由党在大选中获得胜利，随后推出了官方语言法案，确立僧伽罗语为唯一的官方语言。尽管1956年法案也同时对保障泰米尔语的使用做出了规定，但泰米尔人认为该法案明显具有僧伽罗大民族主义色彩，强烈要求将泰米尔语也定为官方语言，遭到政府的拒绝，双方的矛盾逐步激化。迫于泰米尔族的压力，1957年班达拉奈克与锡兰联邦党领导人契尔瓦纳亚甘姆达成协定，承认泰米尔语是斯里兰卡一个少数民族的语言，规定在泰米尔人聚居的北部省和东部省，僧伽罗语和泰米尔语同为行政用语。然而，1958年，在泰米尔语的地位还未得到议会认可的情况下，锡兰政府将一批写有僧伽罗语的公共汽车运往了泰米尔人聚居的贾夫纳地区，引起了泰米尔人的不满，最终演化为全国性的宗族骚乱。为了安抚泰米尔人的情绪，1958年8月，锡兰议会通过《泰米尔语（特别条款）法案》，规定泰米尔人可以继续使用泰米尔语，但是所有的泰米尔公务员必须在一定时间内熟练掌握僧伽罗语，否则将受到惩罚，失去工作。在统一国民党执政时期，政府希望在某些公共事务领域使用泰米尔语，遭到自由党的强烈反对，种族骚乱再次爆发。1970年，自由党再次上台执政，继续贯彻"僧伽罗语唯一"的政策。因此，自1956年开始，泰米尔人在就任公职方面的处境每况愈下，1956年政府官员中泰米尔人的比例为30%，1970年这一比例降至6%。1972年，斯里兰卡通过的1972宪法仍然规定僧伽罗语是斯里兰卡唯一官方语言。泰米尔人争取本民族语言地位的斗争始终没有间断。1977年，统一国民党再次上台执政，开始采取缓和僧泰矛盾的政策；1978年斯里兰卡通过了新的宪法，规定僧伽罗语和泰米尔语同为斯里兰卡官方语言，在行政部门、立法部门和法院，一般情况下可以使用僧伽罗语和泰米尔语，一些特殊情况下，可以单独使用僧伽罗语或者泰米尔语，泰米尔语的地位终于在宪法中得到了承认。

斯里兰卡1978年宪法一直沿用至今，尽管泰米尔语的官方语言地位得到了承认，但是在实际生活中，泰米尔语的使用和普及远不如僧伽罗语，两种语言的地位仍有较大差距。根据斯里兰卡2001年进行的人口普查所掌握的信息，斯里兰卡10岁以上的泰米尔人、摩尔人均有一半以上能说僧伽罗语，而僧伽罗族中会说泰米尔语的只有4%，这说明在斯里兰卡实际生活中僧伽罗语仍然是具有优势地位的语言。

第二节　文学

公元前6—前3世纪，斯里兰卡有一些神话故事之类的口头文学，但是详细情况无从考证。从3世纪开始，斯里兰卡古代文学开始发展，一直到近现代斯里兰卡获得民族独立以后，斯里兰卡文学经历了一个较为长期且稳定的发展阶段。

一、古代文学

斯里兰卡古代文学的发展与佛教发展有着十分密切的联系，佛教文学是斯里兰卡古代文学史上极为重要的内容。僧伽罗语、巴利语、梵语多种语言共同成为斯里兰卡古代文学发展的载体。随着佛教在斯里兰卡的传播与发展，佛教文学很快在斯里兰卡兴盛起来。当时，来自印度的佛教徒使用的巴利语与斯里兰卡当地的僧伽罗人使用的僧伽罗语比较相近，佛教徒为了讲经说法，引用了诸多佛本生故事，极大地推动了斯里兰卡佛教文学的发展。不过，当时的佛教文学主要通过口口相传的形式发展，并没有文字记录。直到公元前1世纪，在斯里兰卡中部小镇玛得勒的阿卢寺举行了佛教史上的第四次大结集，有五百罗汉和五百比丘参加。他们把巴利文的佛教经文和僧伽罗语的释文全部刻写在贝叶上，前后花了三年多的时间，完成了一项具有历史意义的工程，对保存佛教文化和佛教文学做出了卓越的贡献。这些用僧伽罗语书写的《佛经释文》数量十分庞大，遗憾的是，这些僧伽罗语版本的《佛经释文》在被翻译成巴利文以后便失传了。

除了用僧伽罗语书写的《佛经释文》外，古代斯里兰卡还有以巴利语为主要创作语言的文学成就。巴利语是小乘佛教座部使用的经典语言，以巴利文书写的《大史》《小史》[①]在斯里兰卡文学史上具有至高无上的地位。这两部史书不仅详细记录了与佛教相关的内容，还记录了斯里兰卡的兴衰历史，是研究斯里兰卡历史的珍贵资料。《大史》约成书于5世纪，在吸收约成书于4世纪的《岛史》资料基础上，又增加了一些新的资料，完整记载了自维阇耶以来斯里兰卡王朝更迭的情况，也记录了历代僧伽罗国王抗击印度泰米尔人入侵的事迹。《小史》最早成书于13世纪，其内容在14世纪被补充完整，记载了5世纪以后僧伽罗王朝以及佛教日渐衰败的过程，内容的时间跨度更长。不过，《大史》的某些内容在5世纪成书以后有被修改，存在虚构，需要考证。除了《大史》《小史》，《千篇故事》同样也是斯里兰卡古代巴利文文学的重要代表作。斯里兰卡有很多的民间故事和传说，最初是以僧伽罗语收录在一起，5世纪被翻译成了巴利语，并且定名为《千篇故事》。到了14世纪，《千篇故事》再次被修订，更名为《趣事河》。

斯里兰卡古代文学创作除了使用僧伽罗语和巴利文外，还使用

---

① 关于《大史》《小史》的区分，国内外学界还存有一定的分歧。最先校勘出版《大史》的是德国人盖格尔。1908年，盖格尔出版了罗马字体的《大史》，并随后将其译成德文、英文，在世界上产生了深远的影响。盖格尔以第三十七章第五十颂为界，将全史分为《大史》《小史》。但是，有学者并不同意这种区分。例如，斯里兰卡的著名佛教学者罗睺罗教授在他的《锡兰佛教史》中，对盖格尔的上述观点亦进行了批驳，他认为这是同一本大书，不能人为地将其区分为《大史》《小史》。中国学者韩廷杰在翻译《大史》一书时，也将《大史》《小史》合并称为《大史》。本文采纳将《大史》《小史》进行区分的观点进行论述。

了梵语。2—3世纪，随着大乘佛教传入斯里兰卡，梵语逐渐兴盛起来。约6世纪，梵语文学作品《悉达落难记》诞生。它取材于史诗《罗摩衍那》《罗怙世系》，全篇共20章1452颂，主要内容是腊玛王子的妻子悉达被楞伽岛国王腊互那劫到了楞伽岛，腊玛王子打到楞伽岛，战胜了腊互那，带妻子回国，加冕为帝。大约在12世纪，有人用僧伽罗语为《悉达落难记》做了注释。

随着佛教在斯里兰卡的进一步传播与兴盛，斯里兰卡的佛教文学也进入了繁荣阶段。从波隆纳鲁沃时期开始，斯里兰卡的佛教文学得到进一步发展。11—15世纪，斯里兰卡佛教文学作品繁多，其中最具代表性的是"三皈""四论""五史"。"三皈"是指《皈佛》《皈法》《皈僧》，"四论"是《妙法宝脉论》《妙法庄严论》《妙法宝藏论》《佛德庄严论》的统称，"五史"是指《菩提史》《佛牙史》《佛塔史》《佛发史》《供养史》。

除了佛教文学，斯里兰卡古代文学还有本生故事、信使诗和新诗等形式。印度的佛教徒在向斯里兰卡民众传播佛教经文时，引用了较多本生故事，这些故事最初以僧伽罗语的形式存在，被翻译成巴利文之后，僧伽罗语版本的本生故事却失传了，直到14世纪，才又被重新翻译成僧伽罗语并且流传至今，其中最为著名的便是《五百五十本生故事》。信使诗同样也是斯里兰卡古代文学的重要形式，在巴拉克拉玛巴乎六世的努力下，"科特文学"得以繁荣和发展，而"科特文学"最为典型的便是信使诗。巴拉克拉玛巴乎六世不仅是一位杰出的国王，而且热爱文学，经常鼓励作家、诗人进行文学创作，因此他所在的时代文学盛极一时。因为都城在科特，这个时期被称为"科特时期"，这个时期的文学被称为"科特文学"。信使诗借鉴了印度迦梨陀娑的《云使》的创作方法，并有所发展、创新，这种诗的特点是诗人假托一只飞禽带一封书信给远方的神灵，祈求神灵满足诗人的某种要求，诗中也往往有对宫廷的描写和对某个人物的赞颂。14—16世纪，斯里兰卡先后出现了八部这样的信使诗，如《孔雀信使诗》《天鹅信使诗》《杜鹃信使诗》等。除了科特，康提也是斯里兰卡古代文学发展的重要据点，康提同样形成了独特的"康提文学"，"康提文学"以新诗的兴起为主要特征。"康提文学"中的新诗主要体裁有赞美诗、抗战诗和民谣等。赞美诗主要赞美的是国王的英明伟大等。由于康提时期，斯里兰卡面临着殖民者的入侵，因此这样的赞美诗更能激起民众的反抗热情，较为著名的赞美诗有《赛那拉特颂》等。抗战诗是康提人民为了反抗殖民侵略而创作的，事实上，有些抗战诗与赞美诗不能进行严格的区分，不过抗战诗描写的内容更加广泛，其中有的还涉及军队将领的身世。民谣则是清新自然反映农民生活的重要体裁。

二、近现代文学

随着葡萄牙、荷兰和英国等殖民者入侵斯里兰卡，斯里兰卡文学逐渐进入了新的发展阶段，斯里兰卡文学逐渐世俗化，文学形式也与世界文学接轨。斯里兰卡文学发展到当代，小说、戏剧、诗歌等文学形式丰富多样，硕果累累。

其一是小说这一文学形式，小说从20世纪开始在斯里兰卡盛行。斯里兰卡的短篇小说创作的历史，先后经历了以塞伊门·德·西尔瓦、马丁·维克勒马辛哈和A.V.苏勒维拉为代表的三个不同的发展时期。斯里兰卡公认的第一个僧伽罗语小说家是塞伊门·德·西尔瓦，他不是公式化地把人分为好坏两类，而是着笔于塑造具体的、有血有肉的人物，而且注重描写人们复杂的心理。他的作品和他本人一样，极力反对西方的文化侵略和资产阶级生活方式，他的主要作品有《米娜》《黛里萨》《我们的宗教》等。在他之后，斯里兰卡涌现了一批优秀的小说家，如比亚达萨·西里塞纳等。斯里兰卡独立以后，马丁·维克勒马辛哈成为斯里兰卡著名的现实主义文学家，有"斯里兰卡的泰戈尔"之誉，曾荣获联合国教科文组织文学奖金、总统奖金。他从事文学活动60余年，创作了80多部作品，代表作是《家乡亘变》《争斗时》《时代的终结》三部曲，在斯里兰卡文学界享有最高的威望。在当代斯里兰卡，涌现出了一批优秀的小说家，特别是在20世纪90年代以后，一批斯里兰卡海外青年作家使得斯里兰卡文学被世界所关注。

其二是戏剧这一文学形式，由于佛教禁戒娱乐，所以斯里兰卡的古代和中世纪基本没有戏剧，斯里兰卡的戏剧形式直到19世纪初期才开始出现。斯里兰卡的戏剧形式经历了不同的发展阶段，如今已经成为斯里兰卡当代重要的文学形式。在19世纪以前，斯里兰卡农村存在一种跳神驱鬼的活动，一种叫高拉姆的歌舞形式在这类活动中兴起。高拉姆的表演者伴随着音乐和鼓声起舞，做些滑稽的动

第五章 文化

作,高拉姆可以被看作斯里兰卡戏剧的雏形。19世纪开始,斯里兰卡逐渐发展出了戏剧这一文学形式。戏剧在斯里兰卡出现之初,深受南印度戏剧文化的影响。斯里兰卡第一个戏剧家菲力普·辛纽,他仿照南印度的一种戏剧形式,创造出了属于斯里兰卡的戏剧,因此菲力普·辛纽被誉为僧伽罗戏剧之父。不过菲力普·辛纽创造的戏剧形式很快就在斯里兰卡衰落。19世纪末,一个波斯剧团来到了斯里兰卡,带来了一种名为奴尔迪的戏剧,这种戏剧形式的音乐和舞蹈都十分华美,奴尔迪因此很快在斯里兰卡流行开来。斯里兰卡国内也涌现出了一些杰出的奴尔迪剧作品,其中有《桑迦坡国王》《天爱帝须国王》等,《桑迦坡国王》中有一些内容至今仍在斯里兰卡广为传唱。到了20世纪,西方戏剧的形式被介绍到斯里兰卡,一些西方的著名戏剧被翻译成僧伽罗语在斯里兰卡演出。不过直到这一时期,斯里兰卡的戏剧发展仍然处在探索阶段,并没有完全成熟。E.R.萨拉特江德拉的出现,推动斯里兰卡戏剧走向成熟。E.R.萨拉特江德拉曾经到世界各国,包括美国、日本等地考察,还曾经看到梅兰芳的京剧表演,深受启发,立志以本国的历史和现实为内容,以综合性、虚拟性和程式性为表现手段进行创作。他编写的第一个新型剧本是《马纳梅》,此后又编写了《玻璃镯子》《复活》《忍俊不禁》等。E.R.萨拉特江德拉和马丁·维克勒马辛哈一起将僧伽罗文学发展到了一个新的高度。他们和同人们一起,将西方的文学形式介绍给斯里兰卡作家。除了僧伽罗语写成的戏剧外,泰米尔人也用泰米尔语写出了诸多优秀的剧本,戏剧是泰米尔文学中成就最高的形式,其中最著名的有《罗摩戏》《隐蔽的月亮》《那雷古拉万吉》等。

其三是诗歌这一文学形式,其历史比小说和戏剧更为久远,在古代斯里兰卡占据着重要位置,在当代斯里兰卡,诗歌这种文学形式已经不如小说那么受欢迎。斯里兰卡的诗歌体裁主要是爱国诗、叙事诗等,爱国诗的代表人物是S.玛亨德长老。作为一个藏族人,他定居斯里兰卡,写有《自由的真谛》《兰卡母亲》等诗。叙事诗的代表作是开亚斯的《洁白》,这是一首爱情叙事诗,通过一段爱情故事歌颂了斯里兰卡农民纯洁的心灵。在斯里兰卡还有很多描写美丽景色的诗篇,如艾尔伯特·德·席尔瓦的《海滨灵景》等。

三、当代文学

斯里兰卡当代文学有较大的发展，呈现出明显的后殖民时期的特征。一大批思想深刻、观点鲜明、风格独特的作品揭露与控诉了殖民统治的罪恶，以肃清上层建筑领域中的殖民主义思想影响，包括长篇小说《拉桑达》《纳依娜》《迷途》等，短篇小说集《遗嘱》《提耶赛纳竞赛》《我的舅舅》等。其中，最著名的作家是罗迈什·古奈塞克拉。他与大多数后殖民作家一样，虽出生于斯里兰卡，却是一位游荡于世界各地（如哥本哈根、新加坡、中国香港和南安普顿等地）的"漂流作家"。1994年，古奈塞克拉的第一部长篇小说《礁石》打动了众多西方读者，他成功地把世人的眼光吸引到这个南亚小国的文学身上。《礁石》很大程度上是由记忆的碎片组成的，写的是20世纪60—80年代的斯里兰卡，充满了政治、宗教和种族冲突。此后古奈塞克拉又发表了《沙漏》，《沙漏》则是一个在神秘气氛中展开的寻根的故事，场景在伦敦与斯里兰卡之间转换，两个仇视的家庭的命运随着斯里兰卡进入后殖民时代后的变化而跌宕起伏。2002年，古奈塞克拉又推出了《天堂的边缘》，故事发生在一个不知名的岛上，这个岛曾经像天堂一样宁静、安详，战争却毁了一切。

第三节　艺术

斯里兰卡民众不仅创造了丰富的文学成果，而且在音乐、舞蹈、绘画、建筑、电影和手工艺等艺术领域有着较高的成就。

一、音乐与舞蹈

古代斯里兰卡的音乐与佛教发展有着千丝万缕的联系。以前，在僧伽罗人的民间社会中，除了一些游吟歌曲和四行诗，以及与田园劳动联系的工作歌曲之外，不存在单独的音乐团体。演奏和演唱音乐都是为舞蹈或节日的游行以及宗教仪式伴奏的。在这些游行和宗教仪式中，鼓乐器被广泛地使用，如双头的琵桶鼓、小沙漏鼓、小军鼓和铃鼓等。斯里兰卡有古代流传下来的佛教仪式音乐，名为"澎恰突勒亚"或"澎恰突里亚",前者为梵文,后者是巴利文。"澎恰"的意思是"五","突勒亚"或"突里亚"的意思是"乐器",因此这种音乐形式是"五种乐器的合奏"或"五种乐器演奏的音乐"。

伴着音乐进行的舞蹈更是带有极强的宗教色彩。这些舞蹈往往有驱除妖魔的含义,包括驱赶鬼神舞蹈仪式托维尔、为祭礼神仪式而编的舞蹈特尔米等。

后来,在英国殖民统治下,斯里兰卡的音乐和舞蹈开始受到欧洲文化的影响,一些西方的乐器被引入宗教仪式的表演之中,斯里兰卡的音乐和舞蹈呈现出多元、丰富的特征。当代斯里兰卡的音乐则明显受到印度音乐的影响,1953年,斯里兰卡建立了六年制的艺术学院,这些音乐学校主要学习的都是印度南北两大流派的音乐。斯里兰卡当代音乐和舞蹈的印度元素在诸多歌舞剧中展露无遗,例如,斯里兰卡宝塔厅剧团曾经在中国演出的宗教歌舞剧《桑迦坡国王》。音乐和舞蹈是斯里兰卡重要的文化艺术形式,1982年,斯里兰卡世界音乐与舞蹈节正式诞生。最初的表演主要是在国内举办,从1988年开始,斯里兰卡音乐与舞蹈节就开始走向国际,已经在22个国家进行了表演,国际化趋势愈演愈烈。

二、绘画

斯里兰卡的绘画艺术同样令人惊叹。古代绘画艺术在繁多的壁画中展露无遗,古书记载,早在公元前2世纪,人们就用油调和朱砂装点建筑,这被认为是用油作绘画媒介的最早例子。但是由于斯里兰卡气候湿热,早期作品都已荡然无存。到目前为止,斯里兰卡尚未发现5世纪以前的绘画作品。现存最早的绘画是1500年以前创作的《悉祇利耶壁画》。"悉祇利耶"在僧伽罗语中名为狮子山,《悉祇利耶壁画》就是不知姓名的画家在山中石窟中绘制的女性半身像,这些壁画至今仍然十分鲜艳,人物呼之欲出。除了《悉祇利耶壁画》,斯里兰卡还有诸多壁画,这些壁画是其古代绘画艺术的重要部分。

13世纪后,斯里兰卡政治动荡、社会混乱,绘画艺术发展停滞。直到16世纪西方殖民者入侵斯里兰卡,来自西方的宗教与文化对斯里兰卡造成了冲击,实际上推动了斯里兰卡文化与西方的交流与碰撞。特别是在英国殖民时期,斯里兰卡有很多艺术家受到西方文化艺术的影响，进行了东西方艺术融合的尝试。这一时期的绘画艺术也有诸多具有代表性的作品，其中最为著名的就是克拉尼亚寺庙的壁画。作者W.S.门迪思是斯里兰卡19—20世纪杰出的画家，他在克拉尼亚寺庙大殿内的四壁上绘满了以佛陀本生故事为题材的系列壁画，是斯里兰卡绘画艺术的瑰宝。除了门迪思，还有很多艺术家远赴西方深造，他们将西方现代艺术流派带回斯里兰卡。1943年"四三画派"成立，以乔治·凯特、哈里·比尔里斯、大卫·培恩特等为代表，他们引领了斯里兰卡现代艺术的潮流，把现代技法和斯里兰卡的环境结合起来。其中，大卫·培恩特的父亲是英格兰人，母亲是僧伽罗人，他十分擅长大型基督教壁画和人物肖像，他的代表作有《基督下十字架》《基督变容图》等。

当代斯里兰卡的绘画艺术有着较为明显的后现代特征，诸多优秀的画家、艺术家推动着斯里兰卡绘画艺术的发展，其中的代表人物是阿诺玛·维杰瓦尔德纳。她被称为"视觉诗人""灵魂对话者"，从事传统绘画、摄影和现代装置艺术，晚年专心从事绘画和装置艺术创作，持续关注"人类与环境"主题。阿诺玛·维杰瓦尔德纳曾经举办名为《信仰》的个人艺术展，2016年5月，她还受邀前往中国香港参加"一带一路"全球女性艺术家作品展。

三、建筑

斯里兰卡的建筑艺术同样历史悠久，并且受到了诸多国家、民族的影响，呈现出多元化的特点。斯里兰卡的古代建筑艺术可以追溯到公元前3世纪，当时，阿育王的儿子来斯里兰卡宣扬佛教，将佛陀的舍利砌塔保存，供人祭奠，这种建筑在斯里兰卡被叫作达葛巴。据考证，这些塔的形式仿效印度的山奇石塔建筑艺术，属于同一风格，斯里兰卡人民在塔的周围设立成排的石柱，石柱上还刻有美丽的柱帽装饰。除了达葛巴，斯里兰卡还在殖民时期发展出了雷瓦式建筑，这种建筑类似于中国的碉楼，是当年人们利用房舍建筑与殖民主义者斗争的产物，多存在于斯里兰卡中部山区。斯里兰卡还有一些建筑拥有独特的屋顶，如康提式的屋顶、八角形尖锥形屋顶等。

现代斯里兰卡建筑艺术成就非凡，最为杰出的人物是杰弗里·巴瓦。他是斯里兰卡著名的建筑师，从事将地方文化、地方环境美与现

第五章 文化

代建筑融合在一起的设计活动。随着当代地方主义建筑、生态建筑等的兴起，巴瓦在热带地方建筑领域中做出的贡献被国际建筑界，特别是东南亚建筑界所关注和承认。杰弗里·巴瓦设计了众多精美的住宅和饭店，其中最为著名的便是肯迪拉玛酒店，它气势恢宏、绿色生态，是当时全世界公认的最美丽的饭店之一。

四、电影

斯里兰卡的电影艺术可以追溯到20世纪20年代初期，斯里兰卡电影的先驱们开始学习印度的电影艺术。1925年，一位年轻的斯里兰卡艺术家拍摄了一部《王室探险》的影片，这是斯里兰卡第一部僧伽罗语的电影作品，遗憾的是这部电影的拷贝已经丢失。

独立以后，斯里兰卡电影艺术迅速发展，政府也颁布了相关的法律，成立了专门的电影局管理有关事务，推动了斯里兰卡民族电影业的发展。此外，斯里兰卡电影题材逐渐丰富，动画电影也逐渐被搬上银幕。1976年，斯里兰卡某位建筑师编导了一部动画短片《斯里兰卡的安德里》，讲述了一个小村庄的普通小男孩安德里的故事。耐里·维尔泽尔分别于1986年和1987年制作了动画影片《不要吃药》《环境保护》，这些影片在斯里兰卡引起了巨大反响。

五、手工艺

斯里兰卡有精湛的手工艺，特别是蜡染工艺和木雕面具工艺。

尽管世界上很多国家，包括中国在内都有蜡染工艺，但斯里兰卡的蜡染作品别具一格。从蜡染作品题材来看，斯里兰卡是一个佛教国家，佛教文化成为蜡染艺术家的重要创作内容。此外，斯里兰卡岛国的自然风光与人民的日常生活，也是蜡染艺术家取之不尽的创造源泉，常见的有村女戏水、渔舟搏浪等。斯里兰卡蜡染艺术的手法和工艺同样具有自己的特色，杜勒·弗南多是斯里兰卡当代著名的蜡染艺术家，他的作品远销世界各国，还获得过国际奖项。如今，斯里兰卡蜡染工艺已经从民间工艺发展为大型公众纪念型艺术，在斯里兰卡的国家机关办公大厅和多家国际星级宾馆中都可以看到作为装饰的巨幅蜡染作品。

除了蜡染艺术，斯里兰卡木雕工艺同样十分出众，木雕面具是其中的佼佼者。斯里兰卡的康提人自古以来就有制作木雕面具的传统，制作的大多为恶魔、神像、传奇人物及动物形象。斯里兰卡的多数面具是用一种叫作卡杜鲁的轻质木材制成的，在进行面具雕刻之前需先用烟熏烤木材，保证木材干燥，然后用黄色的颜料为面具上底色，随后使用其他色彩勾画，最后用混合的树脂粉和清油覆盖。

第四节　文化政策

　　1948年，在斯里兰卡独立之初，爱国人士认为国家经济发展应该与文化发展同步进行，促使斯里兰卡的社会政策与文化政策相结合。因此，1952年斯里兰卡艺术理事会成立。

　　1956年4月12日，斯里兰卡文化事务部正式成立。经过长期发展，斯里兰卡文化事务部确定其部门职能和宗旨为：提高斯里兰卡身份认同，为维护和传播斯里兰卡文学艺术进行准备工作和计划实施。具体包括：为了传播和发扬斯里兰卡文学，为作家和艺术家提供必要的资金支持；实施文化事务部确定的项目和计划等。此外，斯里兰卡文化事务部还负责编纂和出版僧伽罗语字典、百科全书等。斯里兰卡文化事务部有多个下属机构，包括文学和出版部门、字典编纂部门、国家美术馆、国家音乐舞蹈剧团、约翰·德·席尔瓦纪念剧院等。国家美术馆向公众开放，国家音乐舞蹈剧团和约翰·德·席尔瓦纪念剧院也会定期举办演出，民众可以通过这些机构领略斯里兰卡文化和艺术之美。

第六章 社会

独立以来,斯里兰卡(锡兰)社会各方面均有较大发展。在政府的调控下,斯里兰卡人口和人口质量稳步提升。

第一节 人口与民族

一、人口及其政策

独立以来,斯里兰卡(锡兰)的人口稳步上升。斯里兰卡政府坚持执行计划生育政策,使人口有序增长,以防止人口增长过快影响国家经济发展。

(一)概述

自1960年以来,斯里兰卡(锡兰)人口以平稳的速度不断增长。1960年斯里兰卡(锡兰)人口为989.6万人,2016年增至2 120.3万人。女性人口占总人口的比例也在不断上升,1960年女性人口占总人口的比例仅为47.519%,2016年升至51.888%。

如果按照年龄对人口进行划分:自1960年以来,斯里兰卡(锡兰)14岁以下人口比重逐年下降,2016年为24.28%;15~64岁人口占总人口比例经过长时间的上升以后近年来有所下降,2016年为66.01%;65岁以上人口所占比重经过一段时间的下降后有所上升,2016年为9.71%。联合国制定的老龄化社会标准为65岁以上人口超过总人口的7.5%,自2011年起,斯里兰卡65岁以上老人超过这一标准，正式进入老龄化社会。

(二) 人口政策

1948年锡兰独立以后，人口稳步增长，这得益于政府采取的粮食补贴、免费医疗等社会福利政策。然而，锡兰政府很快意识到，人口增长过快并不利于国内经济的发展。1949年锡兰卫生部部长班达拉奈克在罗马举行的第二届世界卫生会议上，曾经提到，越来越需要一个国际性的平台关注生育控制问题。为了保证国内人口的有序增长，锡兰从1965年开始在国内实行计划生育政策，这项计划生育政策的目标是将1965年为33‰的粗出生率①降低到1976年的25‰。在1972—1976年的五年计划中政府将人口控制和计划生育放到更重要的地位。自20世纪60年代中期以来，锡兰政权虽然几经更迭，但人口控制和计划生育一直是斯里兰卡（锡兰）既定的国策。

斯里兰卡计划生育政策明确了计划生育的工作重点，即为有意实行计划生育的夫妇或个人提供避孕节育技术上的服务和方法上的指导。在具体实施过程中，主要包括人口控制和计划生育的宣传和动员，避孕药具的销售和分配以及避孕绝育方法的指导与实施。为此，斯里兰卡政府在国家健康部下设立了人口分部等专门负责全国的计划生育工作，由卫生部所属的保健局负责具体执行计划生育，通过"家庭保健服务"的附属规划来实施。按照"家庭保健服务"附属规划的规定，斯里兰卡全国计划生育队伍由5 000名护士、2 178名助产士和180名公共卫生检查员和医生组成，这些人轮流在卫生部保健司主办的计划生育人员培训中心进行业务指导。家庭保健服务计划为斯里兰卡基层民众提供免费的避孕知识和服务，进而达到降低生育率、有效控制人口的目标。

斯里兰卡家庭计划活动和计划生育政策在推行过程中遇到了一些困难，例如在家庭保健服务计划活动初期，斯里兰卡部分妇女并不认可相关避孕知识，但是随着计划生育政策的不断执行，斯里兰卡妇女避孕率逐步上升，粗出生率稳步下降。1974年斯里兰卡15~49岁妇女避孕普及率仅为43.2%，2007年这一比例则上升到了68.4%，其间，

---

① 指某地人口在一定时期内（通常是一年）活产婴儿数与同期总人口的生存人年数之比。

2000年曾一度达到了70%；1960年，斯里兰卡粗出生率为37.008%，2015年粗出生率下降到了15.601%，降幅超过了20%，这些说明斯里兰卡的计划生育政策取得了一定的成效。

为了更加科学、系统地掌握国内人口状况，斯里兰卡政府还建立了人口普查制度。这一制度形成于英国殖民统治时期，1789—1871年英国殖民政府对斯里兰卡进行了第一次人口普查。当时的英国殖民者根据种姓、民族等对斯里兰卡人口进行分类统计，目的是找出当地人以方便进行税务管理。从1871年开始一直到1921年，英国政府每十年便对斯里兰卡进行一次人口普查，这为斯里兰卡独立以后人口普查制度的建立与完善奠定了基础。独立以后，锡兰政府于1953年进行了第一次人口普查，后于1963年、1971年、2001年多次进行普查，最近一次人口普查于2012年进行。人口普查制度为斯里兰卡政府详细掌握国内人口构成、分布、民族等其他情况提供了可能，也为斯里兰卡政府制定科学的人口政策提供了依据。

二、民族及其政策

斯里兰卡是一个多民族国家，民族矛盾一直是斯里兰卡十分重要的问题之一。受多种因素的影响，国内民族矛盾不断激化，最终演化为内战。2009年内战结束以后，斯里兰卡政府适度调整了民族政策。

（一）概述

斯里兰卡的主要民族有僧伽罗族、泰米尔族、摩尔族和包括马来族、伯格族在内的其他民族。根据斯里兰卡2016年进行的人口普查结果，僧伽罗人占斯里兰卡总人口的74.9%，泰米尔人占总人口的15.4%，摩尔人占9.2%，其他民族占0.5%。可见，在斯里兰卡僧伽罗族是占人口绝大多数的民族，泰米尔族则是少数民族中人口最多的民族。

一般认为维达人是斯里兰卡岛上原住民的祖先。早在斯里兰卡岛和南亚次大陆分离之前，维达人的祖先就已经在今斯里兰卡的土地上居住。公元前5世纪，维阇耶王子来到斯里兰卡岛，娶的第一位妻子便是维达人。后来，斯里兰卡在历史上经历了僧伽罗人、泰米尔人和西方殖民者的入侵，维达人的生活受到影响，最终被迫迁往东南部低洼地带。事实上，维达人与斯里兰卡僧伽罗人已有相当程度的融合，到1970年几乎被僧伽罗人同化，因此斯里兰卡已经没有单独的维达族。

僧伽罗族和泰米尔族是斯里兰卡人口最多的两个民族。"僧伽罗"一词源于梵文，意为"狮子"，因此斯里兰卡在古代也叫"师（狮）子国"。斯里兰卡的僧伽罗族分为低地僧伽罗人（又称沿海僧伽罗人）和高地僧伽罗人（又称康提僧伽罗人）。低地僧伽罗人居住在沿海平原，他们自16世纪开始便遭受殖民统治；高地僧伽罗人生活在中部山区，他们建立的康提王国在英国殖民者入侵后仍旧保持独立300多年，直到1815年才正式被纳入英国殖民体系，因此高地僧伽罗人还保留较多的古风遗俗。低地僧伽罗人由于受到殖民统治时间更长，在他们中间产生了许多英化精英，这些精英在引领斯里兰卡走向现代民主的过程中扮演重要角色。泰米尔族既包括早在古代时期便迁徙到斯里兰卡岛并建立王国的斯里兰卡泰米尔人，还包括在殖民统治时期英国殖民者为了发展种植经济而从印度南部地区大量招募的泰米尔人。斯里兰卡独立以前，这部分泰米尔人主要在中部高地的茶园工作；斯里兰卡独立后，他们中的许多人逐渐返回印度南部的泰米尔纳德邦。目前，斯里兰卡的泰米尔族主要集中在北部和东部地区，是斯里兰卡第二大民族，并且是斯里兰卡少数民族中影响力最大的民族。

在其他的少数民族中，摩尔族起源于阿拉伯国家，大多是穆斯林，讲泰米尔语，主要居住在斯里兰卡西北部和东部沿海地区，主要从事经商、捕鱼和农耕活动。伯格族是斯里兰卡的土生混血人，起源于西方殖民统治时期，一部分具有欧洲血统的人与斯里兰卡当地的居民通婚，从而繁衍出一个混血族群，英国官方将这些混合血统的人统一定为伯格族，他们逐渐成为斯里兰卡的又一个重要民族。斯里兰卡的马来族起源于荷兰殖民统治时期，殖民当局为了巩固殖民统治，荷兰从东南亚雇用马来人组成兵团，以镇压斯里兰卡人的反抗，这便是斯里兰卡马来族的由来，他们信奉伊斯兰教。

（二）民族政策

斯里兰卡两大民族——僧伽罗族与泰尔米族之间的矛盾由来已久。早在古代时期，来自南印度的泰米尔人便时常入侵斯里兰卡的僧伽罗王国，直到13—14世纪泰米尔人在斯里兰卡建立贾夫纳王国，与僧伽罗族形成南北对峙的局面，两个民族之间时有斗争。到了近代殖民统治时期，英国殖民统治者对斯里兰卡实行"分而治之"的民族政策，加深了两个民族之间的矛盾。斯里兰卡独立以后，受各种因素的影响，僧伽罗族与泰米尔族之间的矛盾一直未能得到妥善解决并时有激化，并最终于1983年引发全国性内乱。1983—2009年，斯里兰卡政府与"泰米尔伊拉姆猛虎"组织（简称"猛虎"）之间的冲突整整持续了26年，造成7万多人死亡。2002年2月，在挪威的斡旋下，双方签署了《永久停火协议》，先后举行六轮和谈。2003年4月，"猛虎"退出和谈，和平进程宣告中断。2006年2月和10月，双方又举行两轮和谈，但未能达成一致。2007年7月，政府军收复东方省并向北部"虎控区"推进。2008年1月，斯政府宣布退出《永久停火协议》。2009年1月，政府军收复"猛虎""行政首都"基里诺奇等城镇。5月，斯里兰卡总统宣布军事行动取得成功，收复所有"猛虎"控制区域，消灭普拉巴卡兰等"猛虎"主要头目，斯里兰卡内战宣告结束。

内战结束以后，在2010年斯里兰卡举行的总统大选过程中，作为总统候选人的拉贾帕克萨和前陆军司令丰塞卡纷纷提出要关注少数民族权益的竞选纲领，他们都承诺给予泰米尔族人更多权利和经济帮助，加快战争难民的安置进程。拉贾帕克萨表示将改革选举制度，使少数民族在国家事务中有更多发言权。丰塞卡则承诺将改善斯里兰卡人权状况，加快民族融合。拉贾帕克萨成功连任以后，呼吁泰米尔族与政府合作，以解决双方存在的分歧，他用泰米尔语说："让我们通过对话解决我们之间存在的问题。"斯里兰卡现任总统西里塞纳上任以后，采取了一定的措施来缓和僧泰矛盾和稳定国内政治局势。当前，斯里兰卡政府积极推进战后平民安置和经济社会重建，政治、经济、安全形势总体趋于稳定。

第二节　宗教

斯里兰卡的宗教主要有佛教、印度教、基督教、伊斯兰教等。斯里兰卡政府制定了一系列宗教政策，对国内宗教事宜进行管理。

一、概述

斯里兰卡民族和宗教划分具有较高的统一性，各主要民族基本上信奉自己的宗教。宗教、语言成为关系本民族基本特征的重要因素。僧伽罗族大多信奉佛教，泰米尔族大多信奉印度教，还有一部分人信奉基督教等。根据2016年斯里兰卡人口普查结果，斯里兰卡约有70.2%的民众信奉佛教，12.6%的民众信奉印度教，9.7%的民众信奉伊斯兰教，7.4%的民众信奉基督教。

佛教从印度传入斯里兰卡，并且迅速在斯里兰卡广泛传播。古代僧伽罗族统治者极为推崇佛教，历代开明君主皆大兴佛法，建立寺庙，佛教逐渐成为斯里兰卡的正统宗教，佛牙等圣物则成为僧伽罗王权的象征，佛教成为僧伽罗族的精神支柱。到了近现代，即使在西方殖民统治者积极传播天主教、基督教的情况下，斯里兰卡的佛教生命力也没有减弱。印度教随着泰米尔人来到斯里兰卡，有一部分摩尔人也逐渐接受了印度教教义，信奉印度教。斯里兰卡伊斯兰教主要来自中东的阿拉伯商人，他们到斯里兰卡从事商贸活动，其中的一部分定居下来，并将自己信仰的伊斯兰教教义在斯里兰卡传播，使伊斯兰教成为斯里兰卡又一重要的宗教。受到西方殖民统治的影响，基督教也是斯里兰卡的重要宗教之一。早在葡萄牙殖民统治时期，殖民当局便积极传播天主教教义，1557年，科特王国的统治者皈依天主教，一部分民众随之信仰天主教。到了荷兰殖民统治时期，荷兰殖民当局积极传播基督教新教教义，由于天主教与新教有着相似的宗教内核，有一部分天主教徒逐渐改信新教。斯里兰卡的基督教徒中大部分人仍旧信仰天主教。

二、宗教政策

斯里兰卡宗教政策与其民族政策保持高度一致。独立以后，政府大力提升佛教的地位，引起信奉印度教的泰米尔族的强烈不满，宗教政策是斯里兰卡僧泰矛盾激化的另外一个重要原因。

锡兰独立之后，锡兰僧人团体作为一个庞大的利益群体，持续对政党施压，要求提升佛教的地位，要求把佛教定为国教的呼声几十年来有增无减，僧人通过民主体制选举、议会、政党的运作，迫使所有政党必须在实质上不同程度地向佛教靠拢，接受僧人要求，任何政党想要在选举中获胜都需要满足佛教的要求以及维护僧人集团的利益。

1956年锡兰自由党上台执政以后，政府将佛教定为锡兰的国教。1972年宪法中明确规定，佛教将受到国家的特殊保障与扶持，佛教的地位通过宪法得到巩固。1978年宪法尽管也认可每个人都有思想、信仰和宗教的自由，包括选择宗教信仰的自由，但规定斯里兰卡共和国赋予佛教最高地位，保护和促进佛教教义是国家的义务。实际上，佛教已经超越其他宗教成为斯里兰卡国教，其地位不可撼动。

第三节　传统风俗

一、生活习俗

在衣着方面，斯里兰卡人不同民族有着不同的穿戴特征。一般来说，僧伽罗男子穿白色长袖紧口短裤，下身穿花格纱笼；泰米尔男子穿白色上衣和白色短裤，也有配纱笼的，这种纱笼就是马来群岛等地居民穿的布裙。

在饮食方面，斯里兰卡人主食为大米，一日三餐相隔的时间较长，他们喜欢吃辣味菜肴。吃饭时，人们一般用右手抓着吃。斯里兰卡人热情好客，主人会以各种食物款待到来的客人，不过需要注意的是，在斯里兰卡喝汤时不能发出声音，喝咖啡时亦然，事关吃喝都不能发出声音。

在婚姻方面，由于斯里兰卡保持着种姓制度，因此，在婚姻选择时斯里兰卡人较为注重门当户对，通常按照种姓择偶。农村婚姻常常由父母包办，但是维达人的婚姻是由姑娘自己决定的，婚后丈夫也永久居住在妻子家里。在斯里兰卡一些农村地区还实行一妻多夫制，在这种婚姻中，女方和第一个丈夫结婚时要举办婚礼，以后又有一个或几个男性加入这个家庭就不再举行婚礼。

斯里兰卡是一个以佛教为主的国家，在宗教节日期间，通常禁止饮酒。其很多风俗都与佛教有关，在斯里兰卡佛教僧侣备受尊敬，居民和僧侣对话时，不论是站着还是坐着，都设法低于僧侣的头部，更不能用左手拿东西递给佛教僧侣和教徒。无论何时何地，斯里兰卡人见面或者再见的时候，都习惯性地双手合十。当地人习惯把双手举到脸部前才合十。必须注意的是，在双手合十的时候不要同时点头。在平常交流时，点头表示不同意而摇头表示同意。游客在参观佛教寺院时，进院时必须脱鞋袜和脱帽，赤脚而入，比较有身份的代表团参观时，还应对寺庙进行适当的捐赠。在语言表达上，斯里兰卡与其他亚洲国家相似，也是"高语境文化"国度，语言表达比较委婉，注重生意往来中人际关系的建立，即在达成生意条款和做出商务决定之前，他们更为注重的是互相了解和信任。

二、节假日

斯里兰卡是全世界公共假日最多的国家之一，实行五天工作制，周六和周日休息。每年有25天公共假日。1月中旬是斯里兰卡泰米尔收获节，祭祀太阳神；2月4日是斯里兰卡国庆节，以纪念斯里兰卡独立；3月1日是湿婆神节；4月14日是僧伽罗和泰米尔新年，是斯里兰卡重要的节日。斯里兰卡还有波亚节，又称月圆节，每当月圆节全国放假一天。5月的月圆节是卫塞节，纪念佛祖出生、悟道和涅槃；6月的月圆节与桑普节，纪念阿育王的王子来到斯里兰卡弘扬佛法；7月的月圆节则是盛大的佛牙节。

佛牙节是斯里兰卡重要的节日，已经有2 000多年的历史。节日期间，由寺院养育的圣象驮着盛放佛牙的小金塔，于鼓乐声中缓步而行，其后跟随着上百只大象，沿途朝拜者、围观者如潮水。每年7月的佛牙节，康提都要举办约一周的庆典活动。

第四节　教科文卫体

斯里兰卡政府大力发展国内教育，逐渐加大科技投入，实施免费医疗政策，民众生活得到充分的保障，政府政策取得了卓越的成效。在斯里兰卡政府的管理之下，斯里兰卡体育事业蓬勃发展，新闻媒体日渐开放自由。

一、教育

斯里兰卡自独立以来，国内教育制度不断完善，国家财政用于教育事业的支出在波动中稳步上升，教育体系和结构渐趋合理，国民教育水平快速提高，国民教育水平在南亚地区遥遥领先。

（一）独立前的教育发展史

斯里兰卡的教育发展历史可追溯到两千多年前。从543年起，教育在这个国家的生活和文化发展中就开始发挥重要作用。古代时期在传播宗教知识的同时，发挥了教育民众的作用。到了英国殖民统治时期，教会学校的建立和发展对斯里兰卡民众的教育水平和教育结构产生了深刻影响。19世纪上半叶，基督教的主要派别纷纷到斯里兰卡建立教会学校，授课内容主要是宗教知识。事实上，教会学校不仅起到了宗教传播的作用，而且带来了先进的教育模式与理念，为斯里兰卡教育事业发展奠定了制度雏形。但同时，教会学校也给斯里兰卡教育制度带来了不良影响，特别是不同阶级、不同地区教育资源的不平等分配问题。例如，英国殖民时期的斯里兰卡，掌握英语便有机会获得更好的工作机会和社会地位，然而，学习英语并非所有的家庭都能负担得起，这只是少数上流社会家庭子女能够享受到的权利，英语在某种程度上成为斯里兰卡社会阶层固化的又一个重要原因。在英国殖民统治末期，即1941年，标志着斯里兰卡的现代教育制度形成的卡南拉克特别委员会提案被提出。卡南拉克特别委员会提出了关于教育制度建设的三项建议：第一，在农村设立国立学校；第二，从幼儿园到大学逐步实行免费制；第三，用本国语言取代英语作为初等学校教学语言。卡南拉克特别委员会方案体现了斯里兰卡教育制度建设的两个重要原则：免费教育、平等教育。根据卡南拉克特别委员会的方案，1945年斯里兰卡开始在全国范围内实行免费教育，并且要求不再用英语进行教学，而是使用本国语言。

（二）独立后的教育制度

1948年斯里兰卡获得独立以后，政府十分重视教育事业的发展，教育制度趋于完善。

斯里兰卡实施全民免费教育制度，是世界上少数几个从小学到大学实行全民免费教育的国家之一。斯里兰卡国家教育条款规定，公立学校免收学费，并且免费为中小学生提供课本、校服，甚至在斯里兰卡某些地区还为中小学学生提供免费的午餐，为大学生提供生活津贴。

斯里兰卡实行英式教育体制，分为小学、初中、高中、大学预科和大学五个层次。中小学教育主要由政府提供财政支持，其中小学为一至五年级，初中为六至九年级，高中为十至十一年级。小学和初中属于强制义务教育的阶段，所有的学生必须上完九年课程，教育部鼓励学生完成高中课程。

斯里兰卡的教育管理制度是两级管理制度，由国家和地方分别管理。教育部和高等教育部是管理斯里兰卡教育的最高机构，其中教育部主要管理中小学教育，旨在通过创新和现代化的教育方法，培养合格的公民，以达到高效率、公平和高质量的绩效。教育部直接统辖国家级学校，各省级教育部门则负责国家级重点学校以外各省的学校。高等教育部则管理高等教育相关事宜，希望通过制定和实施注重成果的政策和战略，有效、高效地培养最优秀的知识分子、专业人员、研究人员和企业家。高等教育部下设有大学教育资助委员会（UGC），旨在统筹高教资源，具体管理高教事务；主要负责规划和协调国内高等教育、向高等教育机构划拨经费、管理高等教育机构并且维持其学术水平等。

除了公立学校，斯里兰卡还有各类私立学校，这些私立学校也为教育的发展发挥了一定的作用。

（三）教育支出

独立以后，斯里兰卡政府在教育领域的支出相对较高，历届政府都保持着相当高的教育开支，用于教育方面的费用也是逐年增加。1964—1974年，政府的教育开支将近翻了一番，由3.06亿卢比（本书中的卢比即斯里兰卡卢比）增至5.79亿卢比；1984年增至23.37亿卢比。1958—1968年，政府每年用于教育的费用平均为国内生产总值的4.55%，如此高的教育投资在亚洲属于最高之列。

不过在斯里兰卡内战期间，由于国内政局不稳，政府用于教育的支出有所下降。在基础教育方面，2005年斯里兰卡政府82%的教育投入用在了中小学教育，斯里兰卡中小学学校数量却呈微弱下降趋势，从2001年的10 552所减少到2008年的10 117所。政府在高等教育领域的开支同样减少，2005年斯里兰卡教育总投入预算中，高等教育占14%；在2008年仅有1.42%的政府教育投入用于高等教育，占该国GDP的0.42%。

内战结束以后，斯里兰卡政府用于教育事业的财政开支占比和用于每个学生的财政开支都在逐渐增加。2009年斯里兰卡用于教育事业的财政开支占总财政开支的8.27%，占GDP的比重为2.05%，2015年比例分别增至10.95%和2.81%。可见斯里兰卡政府对教育发展越来越重视，但是很明显，政府在这一领域的投入比重仍然不高。

（四）教育水平

尽管高等教育并不发达，但是斯里兰卡的整体教育水平在南亚地区处于领先地位，这要归功于斯里兰卡较高的基础教育水平。

在基础教育方面，1977—1983年，斯里兰卡小学总数由9 701所增至9 947所，在校学生总数由2 566 381名增至3 533 027名；小学和中学在册人数比例分别为99%和74%，这在发展中国家中属于最高的行列。2002年，斯里兰卡中小学有9 826所，学生数量为4 026 233名，教师数量为191 812名。到2016年，斯里兰卡共有中小学10 162所，其中国家级学校353所，约占中小学总数的3.5%；省级地方学校9 809所，约占中小学总数的96.5%；学生有4 143 330名，教师有232 603名。

斯里兰卡的国民识字率和小学入学率在南亚地区遥遥领先，高于印度。1981年，斯里兰卡15岁以上公民识字率已经达到了86.78%，2001年突破90%，达到90.68%，此后斯里兰卡识字率始终保持在90%以上，2011年上升到了91.18%；而印度1981年识字率仅为40.76%，到了2011年才上升到69.3%，仍旧低于斯里兰卡1981年之前的水平。就小学入学率而言，自1970年以来，斯里兰卡的小学入学率始终保持在85%以上，大多数年份都保持在90%以上，而整个南亚地区的小学入学率始终低于斯里兰卡，这足以表明斯里兰卡基础教育水平在南亚地区的领先地位，斯里兰卡的基础教育事业始终发展良好。

在高等教育方面，根据斯里兰卡2017年最新数据，斯里兰卡国内有15所大学和17所其他研究机构。国内排名第一的科伦坡大学世界排名为第二千一百七十二，在亚洲地区排名为第六百八十五，在南亚地区排名则为第四十六。1958年，斯里兰卡在校大学生人数为2 036名，1970年为12 647名，1984年为37 000名，2015年大学生人数已经超过了10万名。尽管斯里兰卡高等教育发展较快，但是总体来看，无论是大学、研究所的数量，还是大学教育水平，斯里兰卡的高等教育都欠发达。

二、科技

（一）独立前的科技发展史

斯里兰卡在古代时期便有一定的科技发展成就，主要集中在农业领域成熟的水利灌溉技术。从3世纪开始，古代王朝统治者便在都城波隆纳鲁瓦附近修建了巨型的明内里亚水库，在后来的4个世纪中，又修建了66处灌溉工程，包括11处明内里亚式人工湖和6处主要水渠工程。当时的斯里兰卡人拥有关于液体的特有属性和运动特点，尤其是关于水位差和水压的知识，使他们有能力发现"活门水闸"的新用途，展现了高超的勘探和测量技术，使古代斯里兰卡人能够在降水并不稳定的干燥地区发展农业，保证粮食的生产。

在西方的殖民统治下，有几个重要的机构在引进先进的西方科技方面扮演了十分重要的角色。1877年创办的科伦坡博物馆设有历史学、生物学等分部；佩勒代尼耶创建了一间皇家植物园；1900年，斯里兰卡还成立了一所细菌研究所，这家研究所于1945年演变为医学研究所。随着这些机构的创设，不同的学科被明确划分出来，专门的人才也被引进。

（二）独立后的科技政策

独立以后，斯里兰卡科技发展较为缓慢。20世纪五六十年代，锡兰科学促进协会（斯里兰卡科学促进会）努力游说政府发展科技，后来斯里兰卡成立专门的政府部门管理科技发展事业。1978年，由国家科学委员会发起研究的国家科技政策成为斯里兰卡首个科技政策。1991年，总统科技发展特别工作组对该科技政策进行了修订。1994年，斯里兰卡专门成立了科技部。2014年，斯里兰卡科技部与专家组讨论2015—2020年研发投资框架，希望斯里兰卡到2020年成为科技发达国家。

斯里兰卡政府积极鼓励和扶持农业科技的发展，采取了建立研究机构、提供资金支持等方式，支持农业科技的研究和创新工作，农业科技成为斯里兰卡科技发展的关键部门。斯里兰卡农业科学研究的主要领域包括作物研究、畜牧研究、渔业研究和自然资源研究。其中作物研究人员占农业研究人员总数的近2/3，畜牧研究人员占8%，渔业研究人员占6%，自然资源研究人员仅占3%。作物研究领域是斯里兰卡农业科技研究的重点领域，斯里兰卡政府主导建立了茶叶研究所、椰子研究所和橡胶研究所，以促进技术进步，提升三大作物在国际市场的竞争力。同时，政府积极为农业研究机构提供相应的资金支持，斯里兰卡共有20个政府机构和高校从事农业科技研究，研究经费主要由政府资助。大部分的研究经费是直接拨付给机构的，战略研究经费则是通过一项竞争合同研究基金项目由农业研究政策委员会负责资助。从斯里兰卡研发支出的部门分配情况来看，政府在农业科学部门投入的研发资金比重始终较高，约占30%，2006年这一比重为33.08%，2013年这一比重尽管有所下降，但是仍保持在27.84%。

在工业领域，斯里兰卡有一些工业研究所。1958年和1974年分别成立了锡兰科学和工业研究所、国家工程学研究和开发中心，不过遗憾的是，斯里兰卡在工业科技领域进行的研究大多都没有起到重要作用。在医学领域，由于斯里兰卡疟疾横行，因此斯里兰卡在疟疾等传播性疾病方面的研究受到了国际社会的认可，世界卫生组织甚至与科伦坡大学的一个疟疾研究中心建立了战略合作关系。

（三）科技支出

独立以后，斯里兰卡制定了鼓励科技发展的政策，政府投入在全国科技研发的资金中占了全国用于科技研发资金总额的一半以上。但是，总体而言，斯里兰卡在科技领域的支出仍然偏少，企业对科技研发的资金支持比重在不断上升。

斯里兰卡科技发展主要依靠政府的财政支持，根据联合国教科文组织提供的数据来看，政府对科技研发的资金支持仍然占了所有研发资金来源的一半以上。2006年，斯里兰卡政府提供资金占所有研发资金的65.2%，2013年这一比重有所下降，但是仍保持在53.88%。政府在科技领域的支出占国内生产总值的比例并不高。2006年斯里兰卡政府投入的科技研发支出仅占国内生产总值的0.2%，2008年、2010年和2013年这一比例甚至下降到了0.1%；自2007年以来，政府投入的科技研发支出仅占国内生产总值的0.1%左右。不过，斯里兰卡企业和国外资助占研发资金的比重正在逐年上升，2006年企业研发资金占比为19.05%，2013年上升至40.68%；国外资助则由2006年的4.82%上升至2013年的5.03%，为国家科技发展提供了多元的资金支持。

(四) 科技水平

尽管斯里兰卡农业科技取得了较大的成就，特别是在茶叶、椰子和橡胶三大经济作物研究方面，但是总体而言，斯里兰卡的科技水平并不高。

国际社会普遍采用论文数量来衡量科技发展水平，这些论文指的是在国际刊物或者SCI目录中能够搜索到的学术论文，或者提交斯里兰卡重要学术会议的论文。虽然这一标准并不是评价国家科技水平的唯一标准，但是这一判断方式能够反映这一国家在相关领域研究成果受到国际认可的程度。

根据这一判断方式对斯里兰卡科技水平进行评估，不难发现，斯里兰卡科技水平仍有较大的提升空间。斯里兰卡没有刊物进入SCI目录，或许这与斯里兰卡高等教育的发展相对缓慢有关系。最近20年中，在SCI中能够搜索到的斯里兰卡论文数量在100~200篇，而孟加拉国的产出则是斯里兰卡的两倍。在所有能够被检索到的SCI论文中，物理和化学大约占35%，医学占25%，生物学占25%，农学占20%，工程学占5%。从这一数据可以看出，斯里兰卡的科技水平在南亚地区并不处于领先地位。

造成斯里兰卡科技水平发展缓慢的原因有：一方面，斯里兰卡政府在这一领域财政投入相对较少，资金的缺乏使许多必要的研究无法进行，人才队伍建设不力；另一方面，斯里兰卡高等教育水平并不高，斯里兰卡注重基础教育而相对忽视高等教育的模式使高级研究人才培养相对困难。

三、新闻媒体

独立以前，斯里兰卡新闻媒体在殖民统治者的推动下有所发展，报纸、广播等都已经出现。1737年，荷兰人把印刷机带到了斯里兰卡，但是直到1802年，英国殖民政府才创办了第一份周刊《政府公报》。1832年，斯里兰卡第一份英文报纸《科伦坡报》创刊，但在1833年年底便停刊。1834年，两名英国商人创办了《观察家和商业广告》，随后更名为《科伦坡观察家》。1837年，《锡兰记录》创刊，英文报纸开始在斯里兰卡稳步发展起来。除了英文报纸，当时的斯里兰卡还创办有一些僧伽罗语和泰米尔语的报刊，其中包括1860年在斯里兰卡加勒创办的最早的僧伽罗文报纸《兰卡世界》和1930年创办的《雄狮报》等。为了加强对报纸的管理，1839年英国殖民政府颁布了《报纸条例》，规定报纸印刷和出版要向书籍和报纸登记处登记，登记内容包括报纸内容、所有人、印刷商、出版商及地址信息等，所有印刷商和出版商每天要向认证机构递交一份出版物的样件。除了报纸，英国殖民者还将广播带到了斯里兰卡，不过一直到20世纪90年代以前，斯里兰卡的广播事业都被政府所垄断。与报纸相比，独立以前斯里兰卡的广播传媒发展较为缓慢。

由于独立之前报纸行业发展已经较为成熟，因此独立以后仍然沿用1839年殖民政府颁布的《报纸条例》。1973年，斯里兰卡成立媒体委员会，对新闻传媒相关事务进行有效管控。斯里兰卡实行报刊注册制，即包括日报、周报、周刊和月刊等在内的各种报刊每年都必须在媒体委员会注册，并交纳一定的注册费。通过年度注册，媒体委员会可以实现对报刊所有者、报刊发布内容的管理和控制。这也是媒体委员会作为新闻媒体管理机构的最重要使命。2005—2015年，斯里兰卡设有大众传媒和信息部，主管新闻、传播和出版事务。2015年斯里兰卡大选以后，政府部门重新改组，由议会改革和大众传媒部负责新闻出版事务管理，政府还恢复了媒体委员会，并且将委员会的职权范围从纸媒的管理扩大到网络和电子信息领域。

在广播和电视媒体方面，1949年斯里兰卡政府组建了广播部，后来成为著名的锡兰电台。1966年，斯里兰卡通过了斯里兰卡广播公司法案，要求所有的广播节目保持庄重、正直的品位，不得在宗教信仰和公众情感中造成骚乱和冲突；法案还赋予相关政府部门维持广播电视行业秩序的权力，以及对节目进行指导的权力；在民营资本进入广播领域之后，大众传媒部部长有权控制执照的颁发。在电视传媒方面，斯里兰卡1982年通过了公共电视的法案，法案的规定与广播相似，政府可以对电视节目进行审查。广播和电视领域这两个法案的颁布，说明尽管斯里兰卡宪法规定公民享有思想和言论自由，但斯里兰卡政府对于新闻媒体仍然实行相对严格的管控。

由于斯里兰卡新闻媒体行业发展受到政府的较大约束，媒体组织为追求言论自由多次与政府交锋。2004年，媒体人组织了一场名为"自由媒体运动"的活动，要求议会通过信息权利法案，以扩大新闻媒体自由；2004年斯里兰卡大选过程中，参与竞选的政党也做出扩大新闻媒体自由的竞选承诺；2010年新的信息权利法案通过，斯里兰卡的新闻媒体政策逐渐放宽。

总体来说，斯里兰卡的媒体发展比较成熟。报刊仍然是斯里兰卡数量最为庞大的新闻媒介。截止到2016年12月，斯里兰卡有报刊200余种，4个报业系统，其中4个报业系统分别为锡兰联合报业公司、乌帕里集团报业公司、维贾亚报业公司和快报报业公司。《每日新闻》是斯里兰卡最大的英文日报，《每日太阳报》是最大的僧伽罗文日报，《雄狮报》为最大的泰米尔文日报，除此以外，斯里兰卡还有《兰卡之光》《每日镜报》《星期日时报》等报刊。斯里兰卡的广播通信发展迅猛，现在有覆盖全岛的国家服务广播频道，用英语、僧伽罗语和泰米尔语三种语言进行广播。国家服务广播频道用新闻报道以及政治、教育、宗教活动、体育、贸易和音乐等内容来迎合不同的听众，它包括三个地区性频道和三个社区广播频道。斯里兰卡电视主要有斯里兰卡国家电视台和独立电视台等。斯里兰卡国家电视台于1982年开播，每天用英语、僧伽罗语、泰米尔语三种语言播出电视节目；独立电视台则主要用僧伽罗语播出。

四、医疗卫生和社会保障

（一）独立前的医疗卫生发展史

由于地理环境的特殊，疟疾等疾病在斯里兰卡极易传播，因此斯里兰卡的医疗起源较早。早在古代时期，斯里兰卡便形成了古老的草药医学。《大史》中有许多关于斯里兰卡古代医学的记载，在《大史》记载的时期，斯里兰卡已经有医院的存在。1505年，葡萄牙人来到斯里兰卡，东西方结合的医学对斯里兰卡医药事业发展产生了一定的影响。后来，在荷兰殖民统治期间，荷兰对当地医药的影响比葡萄牙稍大。荷兰在斯里兰卡建造的医院比葡萄牙多，但都设立在军事要塞，其中有几个港口为荷兰的部队、船运人员和其他荷兰国民服务。19世纪，英国开始了在斯里兰卡的统治，斯里兰卡的医疗卫生制度开始形成。英国人在占领了斯里兰卡的沿海地区以后，很快在斯里兰卡建立了医院和诊所，形成了一定规模的医疗体系。1859年，英国殖民政府成立了国民医务部，该部门在全国主要城市建立了一套医院网络和室外医疗所，到英国殖民统治结束之时，斯里兰卡已经建立了260所医院、800家诊所，并且涉及了几项疾病防治的公共卫生项目。英国殖民者将荷兰殖民者的驻军医疗服务转向为斯里兰卡民众服务，这是斯里兰卡医疗卫生事业的一大进步。

（二）独立后的医疗卫生政策与政府支出

锡兰在独立以后便开始实行全民免费医疗政策，是世界上较早实行免费医疗政策的国家之一。斯里兰卡实行免费医疗已有几十年的历史，免费限于在政府医院就医，免费范围包括病人的门诊、住院、医药、膳食、手术、输血等。

在锡兰独立之初，财政部部长贾亚瓦德纳宣布，政府不打算停止任何诸如免费教育、儿童免费喂养牛奶和肉食、对一些必需品实行补贴等进步的社会经济发展计划。此后，斯里兰卡的每一届政府都承诺向公民提供免费的医疗保险。

现在，斯里兰卡的医疗卫生事宜由健康营养和草药部管理，旨在通过为斯里兰卡人民提供高质量的促进、预防、治疗和康复服务，实现斯里兰卡的最高健康状况，从而促进社会和经济发展。斯里兰卡政府非常重视民众的营养健康，2010年制定了《斯里兰卡国家营养政策》，这一政策对包括怀孕阶段、哺乳阶段、婴儿和幼儿阶段、学龄前儿童和学龄儿童阶段、青少年阶段、成年人和老年人阶段在内的国民的整个生命周期的营养提供、摄入和其他相关服务，制定了详细的政策目标及实现这些目标的具体举措，以降低营养不良的代际影响，孕育和培养健康的国民。2016年，斯里兰卡制定了《卫生发展总体规划》，致力于提高斯里兰卡公民的健康水平。这一规划主要通过宣传社会营销和社区动员等方式，在促进健康方面提供技术咨询；支持和执行不同环境中的健康促进方案的规划、实施、监测和评价；通过大众传媒提高群众的卫生保健意识，等等。

由于长期实行免费医疗政策，斯里兰卡政府在医疗卫生方面的开支始终处于较高的水平。20世纪50年代到60年代初期，政府用于免费医疗的开支占政府总开支的8%；从1968年的2.21亿卢比增长到了1977年的4.73亿卢比，增长了一倍多。到2014年，斯里兰卡人均卫生总支出为369美元，卫生总支出占国内生产总值的3.5%。斯里兰卡的医疗卫生支出呈不断增长的趋势。

（三）医疗体制结构

斯里兰卡国家卫生保健体系主要由三级医疗机构组成：基层保健机构、中级医院、教学医院或专科医院。基层保健机构数量最大，分布最为广泛，是斯里兰卡医疗卫生系统的基础，包括中心诊疗所、产科病房、农村医院和行政区医院。但是，基层保健机构设备简陋，通常只能进行一般性检查和简单处置。中级医院则包括基层医院和省级医院，资源配备较基层医疗机构要好得多。教学医院和专科医院是最高级别的医院，也就是第三级医疗保健中心。这些医院拥有更为完备的诊治设备，医生医术精湛。截止到2016年6月1日，斯里兰卡政府医院总数为1 085家，床位有70 781张。除了政府医院，斯里兰卡还有许多私立医院和诊所，私立医院并不在免费医疗的范围内。

斯里兰卡是一个多传染病的国家，政府十分重视在初级医疗过程中预防传染病的发生。斯里兰卡自2011年起利用广泛的诊所和医院网络建立了700个健康生活中心。初级保健卫生工作者接受了再培训，以提供营养和生活方式方面的咨询，从而形成更加一体化、更加以人为本的卫生保健和宣传方式。

（四）医疗卫生成就

独立以后的斯里兰卡医疗卫生水平有较大提升，最直接的结果便是其公民出生时预期寿命有了较大幅度的延长。1960年，斯里兰卡公民总体出生时预期寿命仅为59.7岁,到了2015年已经达到了74.95岁,延长幅度十分明显。其中女性出生时预期寿命由1960年的62.26岁延长至2015年的78.39岁,而男性则由1960年的57.35岁延长至2015年的71.68岁。

除了人均寿命的大幅度延长外,斯里兰卡粗死亡率[①]和婴幼儿死亡率均大大低于南亚整体水平,并且保持着持续下降的趋势。1960—2015年,粗死亡率和婴幼儿死亡率下降幅度明显。

(五)其他社会保障政策

除了免费医疗和教育,斯里兰卡还为公民提供其他的社会保障措施,以保证民众的生活质量。

1995年,斯里兰卡政府启动了综合福利计划,这一计划包括补助金计划、营养补助计划和煤油补贴计划。补助金计划向被认定的低收入家庭发放补助券,以保障他们的基本生活;营养补助计划则向有关家庭和哺乳期妇女提供帮助,以提高他们的营养水平。煤油补贴计划是向没有通电的家庭提供煤油补贴。

斯里兰卡还有面向残疾人的社会保障政策,这包括日常生活救助、新建或改造房屋资助、医疗及辅助设备资助、创业扶持、特殊教育培训等;对于单亲家庭,斯里兰卡也有相应的家庭福利政策,如果单亲家庭,特别是因为丈夫或者自然灾害的原因导致妇女和孩子陷入贫困,政府会为他们提供相关的创业资助。

❖ 五、体育

在斯里兰卡独立以前,体育运动仅仅是殖民者娱乐和享受的方式,殖民者成立了俱乐部,并且将公共资金用于俱乐部的发展和运营。在斯里兰卡农村,也有一些非正式的体育活动。

在独立之初,体育运动没有得到政府的重视,直到1966年,体育运动才被斯里兰卡政府认定为一个较为重要的领域。政府招募了150名健康教育指导员,强调体育运动对于国民健康的重要性。2010年,斯里兰卡成立了体育部,旨在通过制定和落实相关国家政策,使斯里兰卡每一个公民成为精力充沛、身体健康、有纪律、有尊严的人,从而

---

① 指某地某年平均每千人口中的死亡数,反映当地居民总的死亡水平。

将斯里兰卡建设成为一个团结繁荣的国家。体育部具体职能包括制定和执行体育政策、计划和方案，鼓励体育运动，加强体育运动教育等。体育部下设多个机构，其中包括体育发展部、国家体育科学研究所等。斯里兰卡体育运动门类发展较为全面，有田径运动、水上运动、球类运动等。

斯里兰卡由于经历长期内战，目前仍处于战后重建阶段，因此国内体育运动基础设施建设相对滞后。截至2014年，斯里兰卡全国仅有两个具备国际标准的体育场，不少体育场馆还在筹备建设中，很多体育项目缺乏开展的场地。由于缺乏必要的基础设施，斯里兰卡的竞技体育总体水平不高，在国际赛场上鲜有上佳表现。截至2014年南京青奥会之前，斯里兰卡在漫长的奥运历史中，仅仅获得过一枚银牌和一枚铜牌，在2014年南京青奥会上，斯里兰卡成功获得了国家历史上第一枚青奥会奖牌，这也是斯里兰卡在奥运会历史上获得的第三枚奖牌。

斯里兰卡政府鼓励优秀运动员、教练、团体、俱乐部等在各类国际赛事为国增光，设有各类奖项表彰在体育事业发展过程中做出突出贡献的先进个人和团体，其中最重要的是总统体育奖，共含有53个不同的分奖项，用以表彰在体育运动中取得巨大成就的运动员、教练、团体和宣传工作者等。斯里兰卡政府还十分重视国民参与体育活动的情况。2016年，斯里兰卡体育部与教育部等多个部门合作，举办"体育运动和健康促进周"活动，这一活动为期一周，从国家总统到各级政府部门通力合作，以提高国民参与体育运动的比例和健康水平。

第七章 外交

独立以来，斯里兰卡（锡兰）的外交政策和外交关系都经历了一定的发展演变过程。在坚持不结盟原则的基础上，斯里兰卡各届政府的外交政策略有调整和变化。影响斯里兰卡外交政策变化的因素有很多，除了各个大国和周边国家的影响以外，还有本国政治、经济、文化等。斯里兰卡一直努力平衡与大国之间的关系，发展友好的周边关系，加强与发展中国家联系，还加入各重要国际组织，形成较为全面的国际关系网络。

第一节 外交政策

一、外交政策的发展演变

斯里兰卡（锡兰）自独立以来，在坚持独立和不结盟的外交原则的基础上，外交政策针对对象主要分为以印度为主的周边国家、发展中国家和西方大国三个阵营。在不同的时期，斯里兰卡灵活采用不同的外交政策和倾向发展对外关系，以维护国家安全和利益。

自1948年独立以来，锡兰奉行独立自主和平外交方针，坚持不结盟的外交政策。在20世纪60年代，锡兰总理班达拉奈克夫人提出了建立"印度洋和平区"的倡议，要求有关国家撤除在印度洋的军事基地和军事设施，消除大国在印度洋的军事存在的任何表现。斯里兰卡还是不结盟运动的发起国之一。1961年，锡兰同其他发展中国家一道，参加了在南斯拉夫贝尔格莱德举行的第一次不结盟国家和政府首脑会议。1976年，斯里兰卡主持召开了第五次不结盟国家和政府首脑会议，正是在这次会议上，不结盟运动正式建立了研究和情报系统。1979年6月，斯里兰卡贾亚瓦德纳总统在不结盟国家协调局会议上致开幕词时表示，不结盟像一根金线，贯穿在斯里兰卡的外交政策中，斯里兰卡任何时候都没有偏离这一政策，将来也不会偏离。1980年5月14日，贾亚瓦德纳总统在班达拉奈克国际研究中心指出，斯里兰卡历届政府所关心的一直是：维护斯里兰卡的独立和主权，保持和平；奉行不结盟的外交政策，不卷入大国集团。此后，不论斯里兰卡的政权如何更迭，不结盟政策始终是斯里兰卡外交政策的重要方针。

在独立、不结盟政策的指导下，斯里兰卡的外交政策主要分为对周边国家外交政策、对西方发达国家外交政策和对其他发展中国家外交政策。

在对周边国家外交政策方面，斯里兰卡与周边国家关系中最为重要的便是与印度的关系。斯里兰卡独立之初，"印巴分治"的创伤尚未愈合，两国因克什米尔争端的第一次战火硝烟尚未散尽。作为一个刚刚独立的小国，斯里兰卡只能谨慎行事，选择了疏远印度的政策。1956年，班达拉奈克领导的自由党上台执政以后，斯里兰卡选择适度亲近印度，加强了与印度的联系，但这一时期双方之间的接触仍然较为有限，斯里兰卡国内对印度的担忧依然存在。从20世纪60年代到70年代，斯里兰卡依然采取疏远印度的外交政策。1983年，斯里兰卡内战爆发初期，由于印度干预斯里兰卡国内泰米尔族事宜，斯里兰卡继续采取对印谨慎冷淡的外交政策。2009年，斯里兰卡内战结束以后，斯印两国关系仍较为疏远。总体而言，斯内战期间两国关系较为冷淡。斯里兰卡的这一对印外交政策直到2015年西里塞纳政府上台以后才有所改变。西里塞纳上任以后，积极缓和与印度的关系，主动率先访问印度，向印度释放善意，表明斯里兰卡新政府对印政策"回暖"的倾向。

在对西方发达国家的外交政策方面，斯里兰卡对英国、美国等国的外交政策是其外交政策的重点。在锡兰刚刚独立之时，为了防范来自邻国印度的威胁，锡兰选择留在英联邦。1948年2月4日，锡兰与英国签署了《国防及外交事务协议》。1956年自由党上台执政以后，锡兰开始逐渐消除英国殖民统治的影响，要求英国从锡兰撤军。

1972年，锡兰终于摆脱了英国的殖民统治，改名为斯里兰卡共和国。20世纪70年代，斯里兰卡还加强了与美国的接触。在此以后，斯里兰卡对英国、美国的政策始终较为积极。直到2009年内战结束前，斯里兰卡由于国内人权问题受到西方国家的指责，因此这一时期斯里兰卡对包括英国、美国在内的西方各大国均采取了较为冷淡的外交政策。2015年西里塞纳政府上台以后，斯里兰卡重新主动缓和与西方大国的关系。西里塞纳总统和萨马拉维拉外交部部长先后访问美国、英国等西方国家。在对美关系方面，萨马拉维拉外交部部长2015年2月访美时表示斯里兰卡愿意改善并加强与美国的关系；在对英关系方面，2015年3月西里塞纳总统作为英联邦主席参加了在伦敦举行的英联邦纪念日活动，并与英国女王伊丽莎白和首相卡梅伦进行了会谈，这也是1982年后斯里兰卡领导人首次拜访唐宁街10号。除了对西方各国积极的出访行动，斯里兰卡主动提出在人权问题上要有所行动，以回应西方国家长期以来对其国内人权问题的质疑和诟病。西里塞纳总统制定了《保障和促进人权国家行动计划2017—2021》，积极应对西方国家对斯里兰卡人权问题的关注和抨击，改善与西方国家的关系。

在对其他发展中国家外交政策方面。由于斯里兰卡是不结盟运动的发起成员国之一，早在班达拉奈克夫人执政时期，即奉行不结盟政策，并与很多社会主义国家发展了良好关系。不过其下一任政府上台以后，斯里兰卡外交政策呈现出了明显亲近西方的倾向，这是由当时斯里兰卡国内经济发展需要决定的，斯里兰卡需要西方国家为其提供发展援助和经济支持。在拉贾帕克萨任内，斯里兰卡将对外政策的重心转向中国。

二、外交政策的制定与执行

斯里兰卡外交部和国家元首即总统，负责斯里兰卡外交政策的制定和执行。

斯里兰卡宪法规定，总统有权接受和承认外国使节，任命和委派驻外国的大使、高级专员、全权代表和其他外交代表；宣布战争和和平；在不违反本宪法或成文法的规定的情况下，按照国际法、国际惯例或习惯做法的要求或授权行事和采取行动。

斯里兰卡外交部下设多个部门，这些部门可以被划分为内部运作和对外事务部门，前者包括咨询部、财务部、综合管理部、内部调查部、技术部等，后者包括东亚和太平洋部、海外管理部、联合国和多边事务部等。外交部部长领导外交部。斯里兰卡外交部还下设卡迪尔加马尔研究所，是为了纪念已故的卡迪尔加马尔。卡迪尔加马尔研究所从1977年开始隶属于斯里兰卡外交部，为斯里兰卡外交政策制定建言献策，是斯里兰卡外交部的智库。

三、外交政策的影响因素

斯里兰卡外交政策在形成过程中，不可避免地受到国内、国际因素的影响，这些影响因素涉及经济、政治、文化等领域。

一方面，斯里兰卡作为国际社会的重要成员，在外交决策的过程中受到诸多因素的影响。斯里兰卡曾经在历史上受到西方殖民者的统治，独立以后，斯里兰卡成为英联邦的成员，因此，外交政策受到英国因素的影响。例如，在斯里兰卡内战结束前后，其人权问题受到国际社会的关注，英国要求斯里兰卡配合国际社会展开调查，但是英国的这一做法受到斯里兰卡的强烈抗议，2013年英国首相访问斯里兰卡北部地区时，遭到了民众的大规模抗议。随着国际格局的变化，美国等发达国家加强了对印度洋的关注，这些印度洋域外大国的参与同样对斯里兰卡的外交政策产生影响。此外，斯里兰卡外交政策还受到周边国家的影响。在南亚地区，印度作为最大的国家，成为斯里兰卡外交政策的重要考量因素。一直以来，印度把斯里兰卡看成其印度洋战略的重要部分，希望能够将斯里兰卡纳入自己的势力范围，因此，斯里兰卡国内对印度威胁的担忧从未完全消失。即使在内战期间，斯里兰卡始终警惕印度对其国内局势可能的干预。因此，印度成为斯里兰卡外交政策的又一个重要影响因素。

另一方面，斯里兰卡国内经济、政治、社会、文化等因素对其外交政策产生决定性的作用。

首先是经济因素。斯里兰卡独立以后，国内经济有了长足发展，但是总体而言，它仍旧是一个发展中国家，因此国内经济发展是决定斯里兰卡外交政策的一个重要的国内因素。斯里兰卡内战结束以后，中国与斯里兰卡加强了经济联系，帮助斯里兰卡恢复国内经济建设。2009年以来，中国积极帮助斯里兰卡完成战后重建、加快基础设施建设，在斯里兰卡经济的恢复和发展过程中发挥了重要作用。在经济因素的推动下，中国与斯里兰卡关系迅速发展。2013年5月，拉贾帕克萨总统访华时，双方决定：将中斯两国关系提升为"真诚互助、世代友好的战略合作伙伴关系"。

其次是政治因素。斯里兰卡国内政党政治的运转也会对其外交决策产生了较大的影响。例如，2015年西里塞纳总统当选以后，曾叫停了前任总统拉贾帕克萨任内达成的与中国合作的科伦坡港口城项目。其原因之一是为了兑现他在选举时提出的纲领和承诺。

最后是社会、文化因素。独立以后，斯里兰卡国内民族主义的压力对于其外交政策的影响也不容小觑。例如，斯里兰卡独立以后对印度的多次疏远便是源于国内民族主义的兴起和发展。斯里兰卡国内民族主义势力认为印度会对斯里兰卡国家安全造成严重威胁，因此，在这样的社会思潮的影响下，斯里兰卡多届政府曾经有意疏远印度。除了对印度的疏远，随着斯里兰卡与中国关系的日益紧密，斯里兰卡国内也出现了一些对于斯里兰卡经济严重依赖中国的担忧。

除了以上原因以外，斯里兰卡外交政策的制定还受国家领导人个人等因素的影响。例如，斯里兰卡国家领导人个人因素在独立初期对外交政策的影响作用显得尤为明显。斯里兰卡首任总理森纳那亚克兼任外交部部长，独立之初的外交政策是他亲自参与制定的。他曾经在前殖民政府中担任农业和土地部部长，接受了以英国为代表的西方思想体系。在斯里兰卡外交历史上，领导人个人对于外交政策的制定产生决定性影响的例子很多，因此，分析斯里兰卡外交政策有时还需要考虑领导人的个人因素的影响。

第二节　对外关系

斯里兰卡一直积极发展与西方大国、周边国家和其他发展中国家的关系，同时参与国际组织活动，维护国家安全和利益。截至2016年年底，斯里兰卡已经同140多个国家建立了正式的外交关系。

一、与西方大国关系

（一）斯里兰卡与英国的关系

独立之初，锡兰出于防范邻国威胁的考量，自愿留在英联邦，与英国结成了防务同盟，还接受了英国提供的大量技术和资金援助。1950年，英联邦外交部部长会议在科伦坡举行，发起"科伦坡计划"，决定由英国、加拿大、澳大利亚和新西兰在资金和技术方面援助巴基斯坦、印度、锡兰等英属殖民地等国家和地区发展经济，该计划的有关组织设置在科伦坡。锡兰一直受到英国的高度关注，英国王室和领导人多次访问斯里兰卡。1953年和1981年，英国女王伊丽莎白二世两度访问斯里兰卡（锡兰）；1984年，英国首相撒切尔夫人还亲自前往斯里兰卡为维多利亚坝剪彩；英国查尔斯王子于1998年斯里兰卡独立50周年之际出席了斯里兰卡的庆祝活动。然而，在斯里兰卡内战期间，英国对斯里兰卡难民和人权问题的关注与指责，使两国关系蒙上了一层阴影。2015年斯里兰卡西里塞纳政府上台以后，两国关系开始好转。2015年3月，西里塞纳总统作为英联邦主席参加了在伦敦举行的英联邦纪念日活动，并与英国女王伊丽莎白和首相卡梅伦进行了会谈，这是1982年后斯里兰卡领导人首次拜访唐宁街10号。2016年，英国政府发布的人权报告中对斯里兰卡人权问题的态度明显缓和，两国关系进入了良好发展的阶段。

（二）斯里兰卡与美国的关系

1948年锡兰刚独立，美国便承认了锡兰独立国家的地位。同年10月29日，两国建立了正式的外交关系。1949年8月3日，美国在科伦坡设立大使馆。在独立初期，统一国民党政府对美国较为依赖。从1950年起，美国开始在粮食、灌溉、公路和卫生等发展领域对锡兰提供援助，同时也在军事方面有所援助。然而，1962年自由党政府在国有化改革中接管了一部分美国人控制的石油企业，于是，1963年美国停止了对锡兰的援助，两国关系疏远。1965年，统一国民党再度上台执政，锡美关系有所缓和，美国恢复了此前中断的经济援助；1976年美国对斯里兰卡援助2亿多美元；1979—1980年，美国与斯里兰卡签

第七章　外交

订了共计18.64亿卢比的经济援助协定；1980年，斯里兰卡总理访问美国以后，美国对斯里兰卡经济援助金额再次提高；1981年4月，美国向斯里兰卡提供了总额为28.08亿美元的三笔贷款；1998年，美国国会众议院成立了斯里兰卡委员会。然而，同英国一样，美国对斯里兰卡的人权问题多有指责，引起斯里兰卡的不满，导致两国关系受到影响，直到2015年西里塞纳政府上台，西里塞纳总统主动寻求修复与美国的关系。2015年10月，由美国提出、斯里兰卡作为共同提案国提出的涉斯人权法案在第三十次联合国人权理事会会议上通过，该法案支持对斯里兰卡展开国内调查。2016年2月，斯里兰卡外交部部长萨马拉维拉访美。在西里塞纳政府的努力下，斯里兰卡与美国的关系再次缓和。总体来看，斯里兰卡和美国的关系一直较为友好。

（三）斯里兰卡与日本的关系

对于日本来说，斯里兰卡具有十分重要的战略地位。日本80%的原油和天然气需要经过马六甲海峡从中东进口，斯里兰卡靠近印度洋的航道，对日本来说格外重要。斯里兰卡与日本已经在海洋安保方面开展了诸多合作，并就海岸安全和海洋问题建立了对话机制。

二、与周边国家的关系

（一）斯里兰卡与印度的关系

斯里兰卡与印度之间有着悠久的历史和地缘联系，保持与印度之间的友好关系是斯里兰卡外交政策的重点。自斯里兰卡独立至今，斯印两国之间的关系因种种原因几经波折。当前，两国均重视双方之间的经济合作，并且希望藉此带动整个南盟合作早日起步。印度支持斯里兰卡和平解决民族冲突。2014年5月，斯里兰卡总统拉贾帕克萨应邀出席印度总理莫迪的就职仪式。2015年，西里塞纳出任斯里兰卡总统之后，采取主动亲近印度的政策，两国关系迅速升温，双边贸易额增长迅速，文化交往也十分频繁。2015年2月，西里塞纳总统访问印度，3月印度总理莫迪访问斯里兰卡，9月，维克拉马辛哈总理访问印度。斯印两国外交部部长也先后于2016年和2017年实现互访。

(二）斯里兰卡与南亚其他国家的关系

马尔代夫是斯里兰卡的近邻，两国有悠久的交往历史。马尔代夫独立以后，斯里兰卡是最先同马尔代夫建交的国家之一，斯里兰卡的科伦坡被马尔代夫总统称为"马尔代夫通向世界的门户"，因此斯里兰卡始终与马尔代夫保持着较为良好的关系。

三、与国际组织的关系

斯里兰卡积极加入全球、区域等各个不同层次的国际组织，截止到2016年10月，斯里兰卡共加入了50多个国际组织，其中，最重要的是与联合国和南盟的关系。

（一）斯里兰卡与联合国的关系

1955年12月14日，锡兰加入联合国，在联合国设立了常驻代表团，自1956年2月首次委任代表开始，斯里兰卡（锡兰）已经向联合国委任了19任代表，现任代表于2015年4月上任。斯里兰卡积极参与、配合联合国的行动，在卫生、疾病控制等领域与联合国开展了多项合作。由于斯里兰卡是一个自然灾害多发的国家，联合国有关组织经常对其进行救助。2011年1月13日，斯里兰卡遭遇自1917年以来最严重的一次洪灾，联合国人道协调厅派出快速评估小组对洪水范围和受影响地区的灾情进行评估；联合国儿童基金会向灾民提供了水箱、净水药片、防水油布和炊具，确保受灾家庭和儿童获得安全饮用水，保障基本卫生；联合国还为应对斯里兰卡洪灾发出紧急募捐呼吁。但是，在人权问题上，斯里兰卡与联合国的关系较为紧张。2010年9月，联合国专家组开始调查斯里兰卡人权问题。2011年4月，专家组提交的报告指出，在斯里兰卡内战的最后阶段，政府军和反政府的泰米尔猛虎组织在交战中均存在大量严重侵权人权行为，并有可能达到战争罪和反人类罪的程度。2012年3月，联合国人权理事会以24票赞成、15票反对、8票弃权的表决结果通过了一项决议，要求追究斯里兰卡内战最后阶段存在的侵犯人权行为，这引起了斯里兰卡的强烈不满。2012年3月22日，斯里兰卡外交部部长佩里斯发表讲话，认为西方国家出于自身考虑推动通过这一决议，并未考虑到斯里兰卡的切身利益。他还表示，斯里兰卡将继续推行既有方针政策，不会屈从于外部压力。

（二）斯里兰卡与南盟的关系

作为南亚地区的重要一员，一方面，斯里兰卡积极促成并参与南盟活动，在其中扮演重要的角色。1980年，孟加拉国首先提出了开展南亚区域合作的倡议，得到斯里兰卡的积极支持。1983年8月，斯里兰卡和孟加拉国、不丹、印度、马尔代夫、尼泊尔、巴基斯坦等国外交部部长在印度首都新德里举行首次会晤，通过了《南亚区域合作联盟声明》。1985年12月，七国领导人在孟加拉国首都达卡举行第一届首脑会议，制定了《南亚区域合作联盟宪章》，宣布了南亚区域合作联盟（简称南盟）正式成立。斯里兰卡还主办了两次南盟首脑会议，第一次是在1998年7月主办南盟第十次首脑会议，第二次是在2008年成功主办第十五届南盟峰会。另一方面，斯里兰卡积极响应南盟平台上的各项合作，包括关税、环境保护、能源、交通等。不仅如此，在此后的另外两轮谈判中，斯里兰卡再次积极响应推进区域经济合作的措施。斯里兰卡先后与印度和巴基斯坦签署了自由贸易协定。此外，斯里兰卡还在各成员国中平衡、协调各方关系，尤其是充当印巴关系的调停者。

第三节　对华外交

一、斯里兰卡对华外交政策

1949年中华人民共和国成立，1950年1月，锡兰政府表示承认中华人民共和国中央人民政府的地位，并中断了和台湾方面的外交关系。但是，受英国的影响，锡兰政府未与中国谈判建交事宜。

直到1956年，班达拉奈克成为锡兰总理，提出与中国互换外交代表的愿望，且表示希望能够亲自访问中国。1956年9月，锡兰政府正式派出代表团到北京商谈与中国建交、加强双方联系的事宜。1957年2月，周恩来应邀对锡兰进行了访问，2月7日，中国和锡兰建立了外交关系。20世纪70年代，斯里兰卡（锡兰）同亚洲和非洲另外20个国家一起，在联合国提出议案，要求恢复中国在联合国的合法席位。此后，中斯两国一直保持着友好关系，高层往来不断。斯里兰卡坚持一个中国原则，在西藏、台湾等问题上支持中国的立场，并在联合国人权会议上多次支持中国挫败西方的反华提案。

内战期间，斯里兰卡主动加强与中国的联系，采取对华友好的外交政策。内战结束以后，斯里兰卡继续奉行对华友好政策，表示愿意搭乘中国发展的快车并利用自身特殊的战略地位实现经济发展。斯里兰卡前总统提出的"马欣达愿景"指出，斯里兰卡需要加强与中国的经济合作，实现基础设施建设和经济的高速增长。2014年，国家主席习近平在对斯里兰卡进行国事访问时，也指出"中国人民正在努力实现中华民族伟大复兴的中国梦，斯里兰卡提出了国家振兴发展的'马欣达愿景'，双方奋斗目标相互契合"。

2015年3月西里塞纳总统访问中国时表示，"斯里兰卡新政府将采取比过去更有力的措施，继续发展同中国的友好合作和斯中人民友谊，希望同中方加强经贸、教育、科研、防务领域合作"。不仅如此，斯里兰卡政府多次表示希望加强与中国的经济合作，获得中国的援助和投资。2016年2月7日，中国外交部部长访问非洲回国途中经停科伦坡，应约在机场会见斯里兰卡外交部部长萨马拉维拉，萨马拉维拉表示："斯里兰卡感谢中国长期以来对斯提供的大力帮助。斯里兰卡当前面临紧迫的发展任务，愿不断加强与中国的互利合作。斯方欢迎更多中国企业到斯投资兴业。"在2017年中斯建交60周年之际，斯里兰卡总理维克勒马辛哈来华参加"一带一路"国际合作高峰论坛时，与国家主席习近平举行会谈，表示："斯里兰卡致力于巩固同中国传统友好，深化两国各领域合作，欢迎中方加大参与斯里兰卡工业化进程，特别是基础设施建设。斯方愿同中方共同努力，顺利推进汉班托塔港项目和科伦坡港口城项目。斯方愿充分发挥自身区位优势，为'一带一路'建设做出贡献。"

二、斯里兰卡与中国的外交关系

1957年2月7日，中国和斯里兰卡建立了外交关系。此前，在中国和斯里兰卡民间力量的努力推动下，中斯两国关系朝着积极的方向发展。1951年，国际橡胶价格大幅下降，斯里兰卡的橡胶出口受到了严重的影响。在中国和斯里兰卡民间友好人士的推动下，两国在尚未建交的情况下，于1952年签署双边协定，恢复了两国间的橡胶、大米贸易，中国每年向斯里兰卡出售27万吨大米，斯里兰卡则向中国出售5万吨橡胶，这是中斯两国关系史上具有里程碑意义的协定，被称为《米胶协定》，成为两国友好合作关系史上的佳话。

中斯两国建交以后，两国关系发展较为稳定。20世纪60年代后，中斯关系进一步发展和深化。1972年6月18日，斯里兰卡总理西丽玛沃·班达拉奈克夫人代表斯里兰卡儿童把一岁的雄性斯里兰卡象"米杜拉"赠送给中国儿童，这头小象成为中斯两国人民友谊的象征。中国改革开放以后，两国关系持续发展，集中表现在两国高层频繁的互访活动。

进入21世纪，中斯两国关系发生了质的飞跃。2005年4月，中斯双方宣布建立"真诚互助、世代友好的全面合作伙伴关系"。2013年5月，拉贾帕克萨总统来华进行国事访问，双方决定将两国关系提升为"真诚互助、世代友好的战略合作伙伴关系"，两国领导人同意保持高层互访势头，并承诺通过双边互访、在多边场合会晤等形式保持经常接触，加强战略沟通，密切两国政府、议会、政党、军队和执法部门之间的友好交往和务实合作，深化治国理政经验交流。2014年9月，国家主席习近平对斯里兰卡进行了国事访问，中斯两国政府发表了《关于深化战略合作伙伴关系的行动计划》，指出两国元首对1957年建交以来两国关系的发展表示满意，认为中斯真诚互助、世代友好的战略合作伙伴关系已成为两国各自外交政策中不可或缺的重要内容。

2015年斯里兰卡政府更迭后，中斯关系出现些许波折，但斯里兰卡政府很快重拾对中国政府的重视和信任，两国关系再次进入正常友好的良性发展轨道。2016年7月，中国外交部部长王毅在科伦坡接受记者采访时表示，"前一段时间，由于斯里兰卡政府更迭，中斯关系受到一些影响。经过双方共同努力，这个过渡期已经结束，这一页已经翻过去了。当前，中斯关系重新走上健康稳定的发展道路"。2016年，中国和斯里兰卡发表的联合声明中再次提道:"双方重申在涉及共同利益的问题上相互支持,相互尊重主权和领土完整,支持彼此稳定和发展。双方重申坚持和平共处五项原则,遵守不干涉内政等国际法基本准则。"

第八章 经济

斯里兰卡自独立以来经济有了较大发展。1977年经济改革推动了斯里兰卡市场经济和外向型经济的建设。2009年斯里兰卡内战结束以后，在政府积极的经济政策引导下，经济平稳发展，宏观经济增长态势明显，各产业均有不同程度的发展。

第一节　概述

一、经济体制与经济改革

1948—1976年，斯里兰卡（锡兰）实施计划经济，对企业进行国有化改革，同时，实施内向型的经济政策。斯里兰卡还接管了殖民时期的外资企业，对经济进行严格的国有化控制。从20世纪50年代中期开始，斯里兰卡面临国际收支危机，于是开始实施"进口替代"政策，对商品进口设置严苛的条件，以保护本国工业的发展。到了20世纪70年代，斯里兰卡已经成为世界上最为典型的内向型经济体之一，国家掌控了绝大多数产业，贸易被严格限制，商品价格被严格管控，并且在全国范围内实行配给制。

内向型、国有化经济政策使斯里兰卡经济面临危机，经济增长缓慢。1978年，斯里兰卡开始实行经济开放政策，主要采取了以下措施：积极引进外资，允许国外商品和资本进入斯里兰卡市场，并且对外资实行免税、降税政策，放宽外商投资领域，以立法手段维护政策的合法性和执行力；鼓励私人资本建立企业并参与对外贸易，同时对国有企业进行改造，鼓励私营企业与国有企业在市场环境下良性、公平竞争；改善市场环境，取消价格控制，依据市场的供求关系来确定市场价格，逐步形成市场经济格局；对国内的税率进行调整，根据当时的经济情况，制定了六级关税制[①]；改革社会福利政策，大幅削减向公民发放的补助金，从而减少财政开支，将资金转而投入生产建设，以促进经济的发展，等等。总体而言，上述经济改革政策极大地改善了其国内经济环境，经济发展速度提升。

然而经济改革的成果并没有持续很久。到了20世纪80年代，斯里兰卡内战爆发，尽管长期内战只限于北部和东部，人口众多、较为富裕的西部未受影响，但内战还是对斯里兰卡整体经济产生影响。斯里兰卡政府不得不耗费大量的财政预算用于国防和军队建设，用于经济发展的投入有所减少；同时，国内相对动荡的政治局势也使外国投资减少；另外，战争本身对于国内基础设施造成了一定程度的破坏，所以在整个内战期间，斯里兰卡的经济增长速度稍稍放缓。

2009年内战结束以后，斯里兰卡政府便致力于国家经济的恢复和发展。2009年5月，斯里兰卡国民经济增长速度恢复为6.2%。内战后历届政府延续了1977年经济体制改革的成功经验，进一步改善投资环境，吸引外资；发展旅游业，争取因战争而流失的游客资源；逐渐恢复因为战争而受到破坏的基础设施；积极申请国际组织的资金支持。2015年斯里兰卡新政府上台以后，针对经济增速放缓等问题，重新调整了经济发展政策，包括：减少预算赤字，争取从2016年GDP的5.4%减少到2020年的3.5%；引进新的外汇交易法案以取消经常账户的限制；改革税法以简化程序和取消企业运行的繁文缛节；与国际货币基金组织和世界银行协商，制定一套吸引投资的办法等。斯里兰卡经济制度并未出现较大转变，仅是在不同时期做出相应的调整。

[①] 六级关税制度根据不同产品，设定不同等级的关税，将产品和税率划分为六个等级，包括：必需品价格税率为0%；大多数原材料税率为5%；大多数中间产品的税率为12.5%~25%；既不是必需品也不是奢侈品的商品税率为50%；对在国内生产的商品征收100%的保护税率；对认定为奢侈品的商品征收500%的寓禁税。

二、经济增长情况

斯里兰卡的经济增长情况与上述经济政策的三个阶段相一致。独立初期,斯里兰卡经济发展较为缓慢。1960—1965年,斯里兰卡国内生产总值从14亿美元增长到16.9亿美元,涨幅仅有2.9亿美元,其间1962年和1963年甚至出现了国内生产总值的倒退。1966—1977年,其国内生产总值从17.5亿美元增长到41亿美元,增长幅度相对提升,但是总体经济增长情况仍旧不好。1978年斯里兰卡经济改革以后,其经济增速加快。1980年,国内生产总值为40.25亿美元;1990年则为80.33亿美元;到了2000年,更是达到了163.31亿美元。2000年以后,斯里兰卡的国内生产总值呈现出了较大幅度的增长,特别是在2009年斯里兰卡内战结束以后,其国内生产总值从2009年的429亿美元增至2016年的813亿美元,在不到十年的时间里,其国内生产总值的增长总量几乎翻了一番,这几乎与斯里兰卡过去近五十年的时间里国内生产总值增长幅度相等[①],可以看出,斯里兰卡经济总体呈现出较强的增长态势,宏观经济发展前景乐观。1960—2016年,斯里兰卡国内生产总值变化情况如图8-1所示。

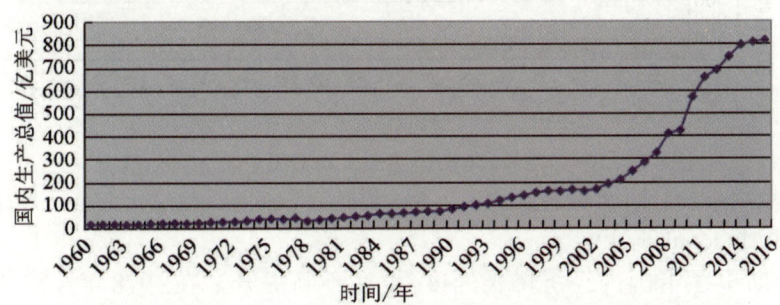

图8-1 1960—2016年斯里兰卡国内生产总值变化情况

数据来源:世界银行数据库,http://data.worldbank.org.cn/indicator/NY.GDP.MKTP.CD?locations=LK.

人均国民收入(GNI)同样能反映一个国家的宏观经济运行情况。世界银行根据人均国民总收入,将全球的经济体分为高收入、中等偏上收入、中等偏下收入以及低收入四类国家(见表8-1)。

---

① 世界银行仅提供1960年以来的相关数据,因此本文采用的宏观经济数据起点为1960年。

表8-1　经济体分类标准

分类组别	人均国民总收入上限值/时价美元
低收入	< 1 005
中等偏下收入	1 006~3 955
中等偏上收入	3 956~12 235
高收入	> 12 235

数据来源：世界银行《按收入水平划分的最新国别分类（2017—2018）》，http://blogs.worldbank.org/opendata/ch/new-country-classifications-income-level-2017-2018.

1963—2016年，斯里兰卡人均国民收入不断提升（见图8-2）。1963年，斯里兰卡的人均国民收入为130美元；到2004年，突破1 000美元大关，达到1 070美元；2009年，则超过了2 000美元，为2 020美元；2016年，则为3 780美元[①]，并有望在未来几年时间里步入中等偏上收入国家行列。

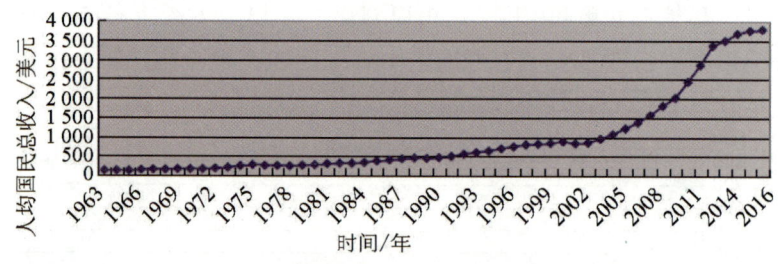

图8-2　1963—2016年斯里兰卡人均国民总收入变化情况

数据来源：世界银行数据库，http://data.worldbank.org.cn/indicator/NY.GNP.PCAP.CD?locations=LK.

斯里兰卡国内经济增长速度[②]也在不断提升。在1978年经济改革之前，斯里兰卡经济的平均增长率并不高，1960—1965年年平均增长率为4.15%，1966—1970年为5.24%，而到了1970—1976年仅为2.68%。通过一系列改革措施，1977—1985年斯里兰卡年均增长率提高至5.61%。1986—1989年由于政局动荡，经济增速再次放缓。1991年起经济开始复苏，2006年，斯里兰卡经济增长率高达7.7%，是斯里兰

① 世界银行仅提供自1963年以来斯里兰卡人均国民总收入的相关数据。
② 经济增长速度并不完全是指国内生产总值的增长，因此，经济增长速度计算结果与国内生产总值增长速度计算结果存在偏差。

卡自1976年以来经济增长最快的一年。2009年内战结束以后，斯里兰卡经济增速加快。2010年，经济增长率达8.0%，创造了1978年以来经济增速的最高纪录。根据2017年世界银行报告，南亚地区2017年经济增速回升至6.8%，2018年将加快至7.1%。国际金融机构项目为经济改革提供支持，促进了私营部门竞争力的提升。斯里兰卡经济具有较大的活力和潜力。

三、经济结构

（一）产业结构

2010—2016年，斯里兰卡第一、第二和第三产业结构较为稳定（见表8-2）。第一产业农业发展良好，但占国内生产总值的比重不高，基本稳定在8.0%左右；第二产业占国内生产总值的比重稳定在26.0%~31.0%；第三产业是斯里兰卡的支柱产业，占国内生产总值的比重稳定在54.0%~58.0%。

表8-2 2010—2016年斯里兰卡第一、第二、第三产业占国内生产总值比重

时间/年	2010	2011	2012	2013	2014	2015	2016
第一产业比重	8.5%	8.8%	7.4%	7.7%	8.0%	8.2%	7.5%
第二产业比重	26.6%	28.0%	30.1%	29.2%	28.3%	27.3%	27.1%
第三产业比重	54.6%	55.1%	55.6%	56.4%	56.9%	57.3%	57.0%

数据来源：斯里兰卡统计部门，http://www.statistics.gov.lk/national_accounts/dc-sna_r2/reports/time_series_annual_cu.xls.

（二）劳动力结构

斯里兰卡第一、第二和第三产业吸引就业情况与其产业结构的比例不同（见表8-3）。第一产业吸引就业人数比重为30.0%左右，不过从2012年开始，比重不断降低，2014年已经降至30.0%以下。第二产业吸引就业人数比重始终在30.0%以下，不过2012年至2017年第一季度，就业人数比重从25.9%上升到了28.0%。第三产业吸引就业人数是所有产业类别中最高的，并且呈现出进一步上升的趋势。

表8-3　2012年至2017年第一季度斯里兰卡第一、第二、第三产业吸引就业占比情况

时间/年		2012	2013	2014	2015	2016	2017年第一季度
总	就业岗位/个	7 488 704	7 681 279	7 700 489	7 830 976	7 947 683	8 230 207
	百分比	100%	100%	100%	100%	100%	100%
第一产业	就业岗位/个	2 333 342	2 321 215	2 222 859	2 255 547	2 153 874	2 221 761
	百分比	31.2%	30.2%	28.9%	28.7%	27.1%	27.0%
第二产业	就业岗位/个	1 940 615	1 996 730	2 027 426	2 018 171	2 097 503	2 306 398
	百分比	25.9%	26%	26.3%	25.8%	26.4%	28%
第三产业	就业岗位/个	3 214 746	3 363 334	3 450 205	3 568 259	3 696 306	3 702 049
	百分比	42.9%	43.8%	44.8%	45.6%	46.5%	45.0%

数据来源：斯里兰卡统计部门，http://www.statistics.gov.lk/samplesurvey/LFS_Q1_Bulletin_WEB_2017_final.pdf.

第二节　农业

斯里兰卡农业十分发达，是国民经济的基础。农业部是管理国内农业发展的主要部门，负责制定农业政策、稳定农产品价格、协调稻谷收购、实施既定农业发展计划等。

一、发展总况

斯里兰卡制定了《国家农业政策》，涉及粮食、花卉、农产品等多个农业部门的相关政策，要求提高农业产量，研发使用农业机械、进行水利灌溉、合理使用土地。

独立以后，斯里兰卡农业实现了较为稳定的发展。2010年，斯里兰卡第一产业总附加值[①]为5 449.14亿卢比，2016年则达到了8 906.59亿

[①] 总附加值可用于估算国内生产总值，斯里兰卡统计部门根据总附加值加上税收、减去生产补贴，计算出国内生产总值。

卢比。

在斯里兰卡农业各部门中，大米、茶叶、海产品等在国内生产总值中的比重相对较高。

二、种植业

在斯里兰卡的农业中存在着双重经济，即种植园经济和一般农村经济。斯里兰卡在西方殖民统治时期便形成了种植园经济，肉桂、咖啡、橡胶等成为斯里兰卡的主要经济作物。2014年，斯里兰卡种植业用地面积为207.4万公顷，其中永久性耕地面积为100万公顷，可耕地面积为130万公顷。

2006年，斯里兰卡政府发布了《国家种植业政策纲要》，种植业部下设种植管理监督部门对国内种植业发展进行定期的管控。种植业部发展的战略目标是：使种植业生产成本保持在较低水平；提高茶叶种植小股东和种植园公司的盈利能力；向消费者提供高质量的种植业产品和通过环境保护实现可持续发展等。

为了促进一般农村种植业经济的发展，政府允许农民自由处置土地和自由买卖粮食，并且向农民提供贷款、推广优良水稻品种，提供新式农业机械、推广使用化肥等，多次提高大米收购价格。斯里兰卡政府还积极完善水利、灌溉设施，其中最为著名的便是马哈韦利河工程。

由于采取了有效的措施，斯里兰卡的稻米产量大大增加。1952年全国稻米产量为2 800万英式蒲式耳（1英式蒲式耳约合36.368 8升），1980年则突破了一亿大关，约为1.02亿英式蒲式耳，2015年稻米产量几乎接近2.31亿英式蒲式耳。稻米已经能够自给自足，2005—2015年，除了2007年自给率为96.59%外，其余年份均超过了100%，2013年甚至达到了142.17%。

斯里兰卡政府还十分重视种植园经济的发展，对经济作物的生产、加工和销售都有相关规定。一方面，通过税收、补贴和其他优惠政策鼓励经济作物的生产、种植和出口，例如，对国内的茶叶产品征收较低的出口税，仅用于维持茶叶相关政府机构的运转；同时，对茶叶产业提供财政补贴，补贴范围涉及种植、移植、采摘、加工和销售各个环节；再比如，为了保护本国的椰子产业，增加了进口食用油的税收。另一方面，成立相关的政府机构从事相关的研究和服务工作，积极改良作物的生产和加工技术，提升经济作物的附加值，增加其在国际市场的竞争力。斯里兰卡关于茶叶的政府机构有三个，即茶叶局、茶叶小生产者管理局和茶叶研究所；椰子的政府研究机构是椰子研究所，是世界上第一个以椰子研究为主的研究所；斯里兰卡还设有橡胶研究所，从事橡胶的种植和相关制品技术的研究。

在政府的推动下，斯里兰卡经济作物的产量有较大突破。2015年斯里兰卡茶叶总产量为32.9万吨，占世界总产量的6.21%，居世界第四位。橡胶的产量同样可观，2011年橡胶产量附加值为667.22亿卢比，占国内生产总值的0.9%。椰子产量始终较为稳定，生产和出口情况有较大改善，通过技术改进，椰子每公顷产果率不断提升。2006年，斯里兰卡每公顷椰子产果7 000多个；2013年，椰子的出口量达到1亿个，主要销往中东国家。

三、渔业

作为印度洋上的岛国，斯里兰卡拥有丰富的渔业资源。渔业也是斯里兰卡十分重要的产业，在斯里兰卡国民生产总值中的占比为1.8%。

斯里兰卡设有渔业和水产资源部管理本国渔业相关事宜，下设渔业管理、渔业产业、渔业产品质量监控等各个部门。同时，政府还建立了相应的渔业保险政策，为最大限度保障渔民利益，渔业保险政策每月都有所调整，政府每月公布当月具体优惠信息。斯里兰卡政府还设有专门的海啸和天气预报系统，为渔民提供海啸和天气预报信息，保障捕鱼作业的安全性。此外，斯里兰卡政府还加强了渔业相关基础设施的建设，2015年，斯里兰卡新建设了2个渔港，主要渔港数量达到了22个。

在政府的推动下，斯里兰卡的渔业产量有了较大幅度的提高。2012年，斯里兰卡渔业产量为486 170吨；2014年渔业产量达到了535 050吨，附加值达1 762.39亿卢比，约合13.5亿美元，2014年渔业产量的增长率达到了4.5%；2016年增至530 920吨。

四、林业

斯里兰卡拥有丰富的森林资源。斯里兰卡农业土地林业部下设有林业司等相关机构，主要负责森林资源经营管理、林业研究等活动。为了保证其生物资源的多样性，斯里兰卡政府充分调动当地居民和社团的积极性，优先保护森林资源、保持水土。政府还大力推动人工林建设，将发展庭院林和其他形式的农用林作为满足斯里兰卡生活和工业用材的主要策略。庭院造林是斯里兰卡林业发展的成功案例，政府鼓励当地居民在自家庭院种植树木，以满足自家消费需求，还可以对外销售创造收入。

第三节　工业

斯里兰卡的工业并不发达，主要为劳动密集型的制造业，以纺织品、服装生产为主。近年来，在政府的推动和鼓励下，斯里兰卡的其他工业有所发展。

一、整体发展情况

斯里兰卡设有专门的工业商业部，负责在政府政策框架内推动工业发展，制定工业政策和战略，规划、协调和建设工业发展所必需的基础设施。斯里兰卡的工业政策和战略强调，开发国内未开发的市场，通过发展原材料和资源的出口工业来增收、创造就业岗位。

在政府的鼓励下，2010年以来，斯里兰卡工业生产总附加值逐年上升，由2010年的17 088.67亿卢比上升到2016年的32 084.76亿卢比，几乎翻了一番。

在工业门类中，食品饮料、烟草制造，纺织品、服装、皮革相关产品制造以及建筑在国内生产总值中所占的比重较高（见表8-4）。

表8-4 2010—2016年斯里兰卡工业占国内生产总值比重

分类	时间/年						
	2010	2011	2012	2013	2014	2015	2016
采矿业	1.9%	2.1%	2.4%	2.6%	2.5%	2.3%	2.7%
食品饮料、烟草制造	6.8%	8.4%	9.1%	8.4%	7.3%	7.8%	7.3%
纺织品、服装、皮革相关产品制造	4.1%	4.0%	4.0%	3.8%	4.0%	3.6%	3.2%
木材制造、木材和软木产品制造(家具除外)	0.4%	0.4%	0.3%	0.3%	0.2%	0.3%	0.2%
纸品生产、媒体产品印刷和再生产	0.4%	0.4%	0.3%	0.3%	0.4%	0.3%	0.3%
焦炭及石油炼制品	0.3%	0.1%	0.5%	0.7%	0.6%	0.2%	0.0%
化工产品和基本医药制品	1.1%	0.6%	0.6%	0.7%	0.7%	0.6%	0.7%
橡胶和塑料制品	1.0%	0.9%	1.0%	0.8%	0.8%	0.7%	0.8%
其他非金属矿物制品	1.2%	1.4%	1.6%	1.3%	1.1%	0.9%	0.8%
基本金属及金属制品	0.5%	0.4%	0.4%	0.4%	0.3%	0.4%	0.4%
机械和设备生产等	0.6%	0.5%	0.4%	0.4%	0.3%	0.4%	0.4%
家具制造	0.9%	0.8%	0.7%	0.6%	0.8%	0.8%	0.7%
机械和设备其余的制造、修理和安装	0.8%	0.6%	0.6%	0.5%	0.5%	0.5%	0.5%
电、煤气、蒸汽和空调供应	1.1%	0.9%	0.9%	0.9%	0.7%	0.8%	0.7%
水收集、处理和供应	0.1%	0.1%	0.1%	0.1%	0.1%	0.1%	0.2%
排污、废物处理和清理	0.2%	0.1%	0.1%	0.1%	0.1%	0.2%	0.2%
建筑	5.2%	6.3%	7.1%	7.5%	7.9%	7.6%	7.9%

数据来源：斯里兰卡统计部门，http://www.statistics.gov.lk/national_accounts/dcsna_r2/reports/time_series_annual_cu.xls.

二、制造业

在斯里兰卡制造业门类中，食品饮料，烟草制造，纺织品、服装、皮革相关产品制造是最重要的门类。2010年，食品饮料、烟草制造的总附加值为4 337.69亿卢比，2016年增长到了8 589.54亿卢比，几乎翻了一番；2010年纺织品、服装和皮革相关产品生产总附加值为2 649.05亿卢比，2016年则达到了3 834.11亿卢比。2010年，这两个制造业门类占国内生产总值的比例分别为6.8%和4.1%，2016年分别为 7.3% 和 3.2%。

政府对纺织品和服装出口企业提供较大幅度的奖励，并且不断提高奖励的标准。2009年的出口奖励政策规定，服装和皮革产品的出口企业2009年出口收入只要达到2008年收入的90%且未裁撤雇员，即可从政府领取相当于其收入的5%的资金奖励。为了进一步刺激纺织业的发展，政府针对国内的纺织行业制定了《小微企业国家发展政策》，总体目标是提高手摇纺织业行业规模，让其为国民经济发展做出贡献；指导手摇纺织行业的生产力，生产适销对路的产品；确保斯里兰卡服装行业在全球的竞争力和市场占有率等。2016年，斯里兰卡政府发布了《小微企业国家发展政策行动计划》，提出了"政策干预战略"，包括创造有利的环境与技术，培养创业文化，拓宽融资渠道、市场化和研发。在政府政策的引导和支持下，纺织业为斯里兰卡创造了大量的外汇收入，成为斯里兰卡第一个出口创汇产业。

三、建筑业

斯里兰卡房屋与建筑部下设专门的建筑业发展局管理国内建筑业发展事宜。2014年，斯里兰卡同时成立了建筑业发展局和建筑业发展基金。建筑业发展局的使命是：为国家提供动态、专业、可靠的服务，规范、促进国内建筑业资源的开发，提升建筑质量标准，以满足当地发展需要。建筑业发展局具体的工作包括：制定并且实施建筑业的发展战略；对施工承包商进行登记和定级；为建筑业发展提供咨询服务；促进与建筑业有关的研究；促进和资助与建筑业有关的工业的发展等。建筑业发展基金负责培养建筑业发展的专业人才，有效解决建筑业供应商、承包商和工匠等利益方之间的纠纷，确保斯里兰卡建筑行业的公共安全。

在政府的推动下，建筑部门已经成为斯里兰卡成长较快的部门之一。2010年，斯里兰卡建筑业总附加值为3 363.81亿卢比，2010占国内生产总值的比例为5.2%；2016年则达到了93 226亿卢比，比例为7.9%。

第四节　旅游业

作为一个热带岛国，斯里兰卡拥有美丽的自然景色、漫长的海滩，还有不少历史人文古迹，旅游资源十分丰富。

斯里兰卡的旅游业较为发达。1982年斯里兰卡的外国游客为40.7万，创汇30亿卢比。1977—1982年，国外游客数量年均增长率为24%，在当时的南亚是最高的。1983—1989年，由于国内形势混乱，游客数量锐减，最低时游客数量仅有18万人。1990年，斯里兰卡政治形势有所好转，旅游业开始复苏，外国游客增至29.8万人；1992年外国游客达到42.5万人。内战结束后，其旅游业的发展极为迅速。2010年，外国游客数量增加到65万多人；2012年，则突破了100万人，达到100.56万人；2016年，再次实现突破，达到了205.08万人。旅游业成为斯里兰卡重要的外汇收入来源。

斯里兰卡政府制定了一系列政策和措施来促进旅游业的发展。1992年，政府制定了一系列措施，包括修复公路、铁路等交通设施，改善饭店、酒店等住宿条件，扩建机场等，以吸引外国游客。2015年，斯里兰卡政府成立了旅游和体育部，出台了一项有效期到2020年的旅游发展政策。为了进一步促进旅游业的发展，斯里兰卡政府为旅游业相关企业提供宽松的政策，简化旅游项目审批手续，鼓励开发高端旅游，提出多样化的旅游产品，如自然风光游、探险游等。

第五节　交通运输和邮政业

斯里兰卡交通运输业主要为公路、铁路和航空。斯里兰卡交通主要依靠的是公路，高速公路是斯里兰卡交通建设的重点；铁路也是斯里兰卡交通运输网络的重要组成部分；航空业不是特别发达。

交通运输业的主管部门是运输和民用航空部，具体工作包括：制定相关政策；通过采用新技术、发展铁路基础设施和铁路服务，确保综合客运和货运铁路运输服务的有效运作；提供乘客渡轮服务；与其他国家签订扩大国际航空服务协定；与铁路局、中央运输局、国家运输医学研究所、汽车交通部、国家运输委员会、民航局、机场和航空服务有限公司开展有关的合作事项等。

斯里兰卡政府十分注重交通运输的建设与发展。在公路网方面，多条高速公路正处于设计或者建设阶段，如外环高速公路项目；在铁路网方面，计划延伸铁路营运里程；在航空运输方面，对多个机场进行改造建设，其中包括班达拉奈克国际机场等。

在政府的推动下，近年来斯里兰卡交通运输业增长较为迅速，2010年占国内生产总值的比重为10.3%，附加值为6 621.53亿卢比；2016年占国内生产总值的比重增至12.1%，附加值增至14 267.26亿卢比，增长了一倍多。其中，2011—2016年，火车营运总里程从1 148.11千米提升至1 561.706千米，主要火车站点数量从155个提升至174个。

依托交通运输业的发展，斯里兰卡邮政业发展也已经有所成就。截至2016年年底，斯里兰卡全国有邮局4 691家，每个邮局平均服务人数为4 520人。从2007年起，斯里兰卡全国邮局开始开展保险、金融以及电话卡出售等业务。

第六节　服务业

斯里兰卡政府凭借公民识字率高、劳动技能训练有素的相对优势，努力把本国经济打造成服务业导向型经济。

服务业为斯里兰卡贡献了一半以上的国内生产总值。根据斯里兰卡统计部门的相关数据，2010年，斯里兰卡服务业占国内生产总值的54.6%，2016年上升到了57%。服务产业占斯里兰卡国内经济的比重越来越大，已经成为斯里兰卡经济中最为重要的产业。

服务业是吸引就业最多的产业部门。2012年，服务行业吸引就业岗位占总就业岗位的42.9%；到了2016年，服务产业占了总就业岗位的46.5%；2017年第一季度，这一比例也高达45%，农业、工业吸引就业占比均低于服务产业。

第七节　新兴产业

斯里兰卡新兴产业主要包括电子通信和数字建设,涉及信息技术、通信技术等,不过斯里兰卡的新兴产业正处于起步阶段,并没有较大的发展。

为了发展电子通信产业,进行产业数字化建设,斯里兰卡成立了电信和数字基础设施部,负责制定电信和数字化相关政策、方案和项目,对相关领域进行监督等。截至2017年,斯里兰卡已拥有7家电信运营商,33家外部接口通信业务商和8家互联网服务商。

2016年,斯里兰卡电话(包括固定电话和移动电话)拥有量为2 877万部,电话普及率为每百人136部;互联网业务同比增长36.1%,网络普及率增长值为23.2%。但是斯里兰卡电信和信息技术产业仍然发展缓慢,国内相关产业发展的成就并不突出,2012—2016年IT产业占国内生产总值的比重仅为0.1%。为了进一步推进这一产业的发展,2014年,斯里兰卡宣布参与东南亚—中东—西欧5号海缆系统建设,这一海缆系统经过斯里兰卡,可以为斯里兰卡地区的用户提供更加快捷、稳定的互联网连接;2016年,斯里兰卡还在国内农村学校建立计算机实验室,从而对学生进行信息技术和通信技术的教育。

第九章 对外经济关系

斯里兰卡（锡兰）独立以后，对外贸易、金融、引资和技术合作的政策都经历了一定的变化。总体而言，自1978年经济改革以来，除了多年内战对斯里兰卡经济造成的不利影响，其对外贸易、金融、引资和技术合作都在政府政策的推动下有长足发展。

第一节 对外贸易关系

自独立以来，斯里兰卡（锡兰）制定了一系列刺激对外贸易发展的政策，积极发展外向型经济，同时，斯里兰卡也积极扩大进口，开放本国市场，其对外贸易总量不断增加。

一、外贸政策

在出口贸易政策上，早在1964年锡兰便实行了退税政策，然而在当时的计划经济体制下这一政策的作用并不明显。1978年，斯里兰卡经济改革，实行外向型经济政策，通过退税计划、现金补贴等措施鼓励国内商品出口。1979年，斯里兰卡出口发展委员会正式成立，1980年，斯里兰卡开始灵活实施退税政策，退税商品涵盖了大部分商品。2015年，斯里兰卡政府针对国内经济出现的增速放缓等问题，重新调整了经济发展政策，进一步鼓励商品出口。

在进口贸易政策上，独立初期，斯里兰卡严格限制商品进口。1978年，斯里兰卡进行自由贸易改革，在改革实行的约两年的时间里，几乎所有商品的进口数量限制政策都被相应的关税政策所取代，有少数商品和项目实行了免税政策，但这些免税项目不到进口总值的5%。到了20世纪80年代末，斯里兰卡开始了第二波改革，进一步实现商品进口关税的合理化；1993年，斯里兰卡采用了三波段关税[①]结构；1994年，斯里兰卡取消了经常进行交易的账户的外汇限制；1995—2002年，斯里兰卡的平均（加权）应用进口关税税率从20%减少到9.4%。2009年斯里兰卡内战结束以后，关税税率表中除了标准关税外，还包括9项进口税。在这9项税种中，有5项是准关税，仅适用于国内没有同类产品的进口税，以此加强对国内生产的保护。2015年以来，斯里兰卡政府又取消了一些关税项目和一些剩余的准关税。

二、外贸走势

进入21世纪，斯里兰卡对外贸易稳步发展，出口总额上升趋势明显。2007年，斯里兰卡出口总额为8 456.82亿卢比；2011年，突破10 000亿卢比，达到11 675.87亿卢比；2016年，突破15 000亿卢比，出口总额增至15 007.65亿卢比。在所有出口商品中，最重要的是工业制成品，2007年，斯里兰卡工业制成品约占出口总额的77.7%，2016年这一比例为77%。在工业制成品中，纺织品和服装占出口总额的比重最大，其次是茶叶，这两类产品的出口额超过了斯里兰卡出口总额的1/2。2007年，纺织品和服饰出口额占全国出口总额的43.65%，茶叶则占了13.44%；2016年这两类商品占出口总额的比重分别为47.36%和12.31%，这两类商品占出口总额的比重仅有微小变动。

在所有的国家和地区中，美国是斯里兰卡最重要的出口国，其次为英国和印度。2015年，斯里兰卡对美国出口占总出口量的26.7%；其次为英国，占出口总量的9.8%；再次是印度，占6.1%。

斯里兰卡同样积极开放本国市场，不断扩大商品进口，进口总额有所上升。2007年，斯里兰卡商品进口总额约为12 504亿卢比，到了2016年进口总额达到了约28 262亿卢比，与2007年相比商品进口总额翻了一番多。中间商品是斯里兰卡最重要的进口商品，2007年中间商品进口总额约为7 731亿卢比，占当年斯里兰卡商品进口总额的

---

① 税率分别为10%，20%和35%。

61.83%；2016年斯里兰卡中间商品进口总额约为14 382亿卢比，占当年进口总额的50.89%，中间商品在据斯里兰卡进口总额中的占比始终在50%以上，不过，已经有所下降。与此同时，投资品在进口总额中的占比上升。2007年进口投资品总额约为2 874亿卢比，占当年进口总额的22.09%；2016年总额上升到了约7 573亿卢比，占2016年斯里兰卡商品进口总额的26.80%。这表明斯里兰卡商品的进口结构在不断趋于合理。

斯里兰卡主要进口国是亚洲地区的印度、中国和日本。2015年，斯里兰卡从印度进口的商品占其进口总量的22.5%，中国占19.6%，日本占7.3%。印度是斯里兰卡最大的贸易伙伴和最大的进口来源国。2015年，印度、斯里兰卡双边贸易额为50亿美元，印度对斯里兰卡的出口额达43.5亿美元，斯里兰卡对印度的出口额为6.5亿美元。

第二节　外国投资与援助

独立以来，斯里兰卡（锡兰）对外投资有所发展，但从现有资料来看，斯里兰卡仍然以利用外国投资为主，对外投资相对较少。

一、吸引外资政策

斯里兰卡政府在1978年经济改革时设立了大科伦坡经济委员会和外国投资咨询委员会，规范对外国投资项目的管理，同时简化外资企业的审批手续，提高行政效率。大科伦坡委员会是一个在总统领导下的自治的合法机构，负责吸引外资、扩大出口、促进技术转让和扩大就业。它对从事出口导向型工业、基础设施项目、在省和农村开发旅游和娱乐项目的国内投资都给予帮助。外国投资咨询委员会负责审批和监控大科伦坡经济委员会管辖地区以外的外国投资，有权根据就业机会数量、可节约进口用汇数额和对国内技术的贡献情况批准进口替代项目。1978年，斯里兰卡出台了一系列有利于外资发展的政策，包括：允许外商完全拥有投资项目；设立了10年免税期，薪酬完全免税；实行进口关税免税和海关援助等。

1990年，斯里兰卡引进外国投资政策发生了一定的改变，所有的外国投资项目均需要通过外国投资咨询委员会的批准。同年，斯里兰卡成立了新的投资局，负责审批外资企业的注册登记。斯里兰卡先后设立了12个由BOI管理的出口加工区和2个私营部门建设的工业园区，相关企业可以享受便利的供电、供水、污水和垃圾处理、通信等服务。在此后很长一段时间内，斯里兰卡的外资引进政策变动较小。

2008年，斯里兰卡通过了一项《战略开发项目行动》，规定战略开发项目是符合斯里兰卡国家利益，主要以提供商品和服务的方式为斯里兰卡带来经济和社会效益，并且有可能改变斯里兰卡面貌的项目。该行动授权斯里兰卡投资局全部豁免战略开发项目的税收，豁免期限长达25年。

内战结束以后，斯里兰卡政府继续通过政策引导投资者在基础设施、农业和旅游业等重要部门进行投资。例如，在基础设施建设方面，斯里兰卡政府承诺外国投资者如果出资参与斯里兰卡港口建设，那么投资者可以在建成之后获得一定年限的租借使用权限；在农业领域，斯里兰卡政府同样积极引进外国投资，改善农业生产技术，提升农作物的产量；在旅游业方面，斯里兰卡允许100%的外国独资，超过一千万美元的国外投资可以直接购买适用于其项目的土地和财产（房地产）。事实上，除了极少数部门禁止或限制外资进入，几乎所有经济领域都允许外商独资，并且对收入、资本和经营费用的返回没有任何限制。

斯里兰卡政府还努力营造良好的投资环境，为外资提供便利的服务，以吸引外资。斯里兰卡政府一方面不断简化外资行政审批手续，另一方面不断完善相关法律法规。斯里兰卡宪法规定，投资保护协定受法律保护，任何立法机关、行政机关和管理机关不得违反。双边投资保护协定的有效期是10年。除非一方终止，协定自动延长有效。如果协定终止，已经进行的投资还要再受10年的保护。斯里兰卡还有《投资局法》《公司法》《交易管制法》《知识产权法》等。

不过，斯里兰卡国内对是否应该给予外国投资者税收优惠这一问题有着不同的声音，有一种观点认为，近年来，税收优惠的投资给予程度被政治化，原来的免税期到期后，许多外资公司继续享受了免税特权，这一问题引起了人们对斯里兰卡投资政策和投资环境的担忧。为此，斯里兰卡投资局已经暂停给予新的投资者免税期。

二、利用外资情况

斯里兰卡引入外资总额上升明显。2015年，斯里兰卡吸引外资流量为6.81亿美元；截至2015年年底，吸引外资存量为99.72亿美元。外资企业在斯里兰卡的投资涉及多个领域，包括基础设施、房地产、纺织服装、电子、化工等。2018年，斯里兰卡吸引25亿美元的外国直接投资。斯里兰卡将大力投资IT、健康旅游、食品加工和零部件制造等行业，以增加外汇收入。2014年中国、英国和美国分别占据斯里兰卡引用外资总量的25%、23.67%和7.9%，占据前三位，新加坡和荷兰分别位列第四和第五位，来自西方国家的投资总计为41%。

三、利用外援情况

外国援助对于斯里兰卡经济发展和社会稳定具有较为积极的作用。独立以来，世界银行国际开发协会（IDA）、国际农业发展基金会（IFAD）、联合国开发计划署（UNDP）等国际组织和机构以及印度、日本、美国等国家为斯里兰卡提供了大量的外国援助。近几年，随着斯里兰卡经济的发展，外国给斯里兰卡提供的无偿援助金额有所减少。2008年斯里兰卡接受外国无偿援助总额为312亿卢比，2014年降至105亿卢比，其中，2014年印度提供了35.6亿卢比、日本提供了21.8亿卢比、美国提供了13.3亿卢比；无偿援助占斯里兰卡GDP的比例从2008年的0.7%降至2014年的0.1%。斯里兰卡获得的外国援助主要用于国内基础设施建设。2014年，斯里兰卡承诺有64%的外国援助用于道路和桥梁项目建设，6%用于供水和卫生设施，5%用于灾害管理；在实际支出的外国援助中，道路和桥梁等地面交通占50%，电力与能源占9%，供水占9%，教育与劳动力职业培训占7%。

第三节　对外金融关系与对外技术合作

一、对外金融关系

斯里兰卡对外汇进行管制，卢比不能自由兑换成外币，如果要将卢比兑换成外币，需要经过斯里兰卡外管局的批准。斯里兰卡货币为卢比，2017年3月31日，美元兑换卢比的买入牌价为1美元=150.06卢比，卖出牌价为1美元=159.28卢比。外资企业可以在斯里兰卡开设外汇账户，通常情况下，在斯里兰卡的外资企业可以将银行账户上的外汇返回境外公司，但外资企业利润汇出需要缴税，税率为10%。

斯里兰卡国际收支并不平衡，海外劳务收入和旅游收入是其主要的外汇收入来源。由于斯里兰卡现在仍旧处于战后重建阶段，国内基础设施建设并不完善，同时缺乏相应的资金，因此其国际收支不平衡的状况难以得到有效改善。2015年斯里兰卡新政府上台以后，政府迫切希望通过相关产业的发展，改善国际收支状况，但是，卢比持续贬值。截至2016年年底，官方外汇储备为60亿美元，可维持3.7个月进口；政府债务为93 873亿卢比，占GDP的比重为79.3%，其中内债占政府债务的比例为44.3%、外债占55.7%。内债中18.4%为短期债务，其余为中长期债务，外债中48.8%为优惠贷款，非优惠贷款占51.2%。各大国际机构对斯里兰卡主权债务评级也相对较低，2017年1月30日，国际评级机构穆迪对斯里兰卡主权信用评级为B1，展望为负面；2017年2月9日，国际评级机构惠普对斯里兰卡主权信用评级为B+，展望为稳定；2017年3月8日，国际评级机构标普对斯里兰卡主权信用评级为B+，展望为负面。

二、对外技术合作

斯里兰卡国家设有科技与研究部，管理本国科技发展相关事宜。由于斯里兰卡科技水平较低，因此斯里兰卡对外技术合作主要是接受外国的技术支持。根据现有的资料，并没有证据表明斯里兰卡对其他国家进行技术输出。

斯里兰卡与印度等国签署了相关的科技合作协议，如斯里兰卡与印度签署了经济与科技合作协议，主要是印度对斯里兰卡进行技术援助和合作。

第四节　中国与斯里兰卡的经济关系

自中斯两国建交以来，双方经济关系不断发展，两国贸易、投资和金融合作程度不断加深。

一、贸易关系

20世纪40年代末，中国和锡兰两国相继获得独立，此时中斯两国尽管没有建立正式的外交关系，却建立了密切的经济联系。中斯两国的贸易主要是"大米换橡胶"。中华人民共和国成立初期，国际社会对包括中国在内的社会主义国家实施橡胶禁运，锡兰率先不顾国际压力，成为第一个向中国出口橡胶的国家。1952年12月18日，中国与锡兰政府签订第一个《中国与锡兰关于橡胶和大米的五年贸易协定》（俗称《米胶协定》），我国每年以27万吨大米换取锡兰5万吨橡胶。《米胶协定》在中锡两国的努力下实行了整整30年，一直到20世纪80年代初才停止。米胶贸易不仅解决了锡兰的自然橡胶积压、外汇和大米匮乏等问题，也使中国获得了发展生产所需的大量橡胶，突破了西方对华禁运。在两国政府的积极努力和民间力量的推动下，1957年中国和锡兰建交。20世纪60年代中期，中国已经成为锡兰最大的援助国、大米的主要供应国和橡胶的第一大买主。1972年，斯里兰卡总理班达拉奈克夫人访华，这成为中斯经贸关系发展的一个重要拐点，中斯双方达成了一系列双边援助计划，而且这些计划的援助总额逐步提升。

建交以后，中国和斯里兰卡的贸易联系逐渐扩展到了其他商品领域，包括中国的轻工业产品、食品、机器以及斯里兰卡的椰子油和香料等。1978年，斯里兰卡和中国分别实行经济改革，两国贸易关系进一步发展。1982年，两国成立了联合贸易委员会；1984年，又成立了经济和贸易合作委员会，经济和贸易合作委员会在1991年被并入中斯经济和贸易联合委员会之中。除了机构的设置，中斯双边贸易的结算形式也发生了转变。1953—1982年，中斯贸易结算主要以记账形式结算，1983年开始以现汇方式结算，为两国贸易提供了便利。因此，两国贸易总额有了快速提升。根据联合国经贸数据库的相关数据，1992年中国对斯里兰卡商品进口总额约为566.95万美元，出口总额为10 705.2万美元；到了2000年，这一数据分别达到了1 284.5万美元和44 545.2万美元。截至2012年，中国已经成为斯里兰卡的第二大贸易合作伙伴国、第二大进口目的地国和第十六大出口目的地国，中国对斯里兰卡商品进口总额达到了约1.62亿美元，出口总额达到了约34.37亿美元。在短短二十一年的时间里，中斯两国贸易总额已经由1992年的不到1.13亿美元上升到了2013年的36.19亿美元，上涨了30多倍。随着贸易总额的不断攀升，中国与斯里兰卡在彼此商品贸易中所占的比重也越来越大。根据联合国的统计，1995年斯里兰卡前五大商品进口来源地（国家和地区）分别为日本、印度、新加坡、中国香港和韩国，2013年分别为印度、中国（内地）、新加坡、日本和中国香港，中国（内地）已经跃居为斯里兰卡第二大进口来源地，如果将中国内地和中国香港的总量计算在一起，与排名第一的印度之间的差距就非常小。中斯两国贸易商品的品类和结构也发生了重大变化。20世纪90年代以前，中国向斯里兰卡出口商品以大米和传统的农副产品（如麻袋、辣椒、干菜）为主；1991年以后，纺织品、轻工、机电产品、五金工具、服装、化工等成为向斯里兰卡出口的主要商品。这些表明中斯两国贸易关系正在不断走向成熟。

2013年国家主席习近平提出了"一带一路"倡议后，中国与斯里兰卡自贸协定谈判取得了突破性的进展，两国贸易关系走向了一个新的阶段。

2014年9月，国家主席习近平访斯期间，中斯双方签署了《关于启动中国–斯里兰卡自由贸易协定谈判的谅解备忘录》。同年，中斯双方即进行了两轮谈判。2015年，因为斯里兰卡政权更迭，谈判一度停滞，但2016年重启谈判后进展迅速。中斯两国对于签署自由贸易协定有着较高的共识。2016年4月，斯里兰卡总理维克勒马辛哈访问中国期间，随团访问的斯里兰卡国际贸易部部长接受中国记者采访时表示："我方在此次访问期间同中国总理进行会谈时，就斯中签署自贸协定一事进行了商讨。我们相信自贸协定能够有效平衡两国之间的贸易关系，使更多的斯里兰卡产品出口到中国。除服装、茶叶、橡胶之外，我们希望有尽可能多种类的斯里兰卡产品可以列入其中。"斯里兰卡交通运输和航空部部长也表示："斯中两国之间存在明显的贸易不平衡，这也是两国领导人的共识。我方相信自贸协定的签署将有助于改善斯里兰卡对华贸易逆差的状况，同时也有利于斯里兰卡吸引更多的中方投资。"2017年1月17日—19日，中国和斯里兰卡自贸区第五轮谈判在科伦坡举行，在谈判过程中，中斯双方就货物贸易、服务贸易、投资、经济技术合作等议题深入交换了意见，取得了积极进展。中斯自贸区有望在不久的将来落地实施。

中斯双边贸易关系也稳步发展。根据中国海关提供的相关数据，2014年，中斯双边贸易总额为40.42亿美元，其中中国对斯里兰卡出口额为37.93亿美元，中国自斯里兰卡进口额为2.49亿美元，分别同比增长10.35%和36.24%。到了2016年，中斯双边贸易总额为45.6亿美元，其中中国对斯里兰卡出口额为42.9亿美元，中国自斯里兰卡进口额为2.7亿美元，分别同比下降0.4%和增长5.7%。可见，在"一带一路"倡议提出以后，中斯双边贸易关系正在进行一定的调整，中国对斯里兰卡商品出口适度收紧，同时加大进口，这能在一定程度上降低双方贸易逆差，使两国关系贸易朝着更加健康的方向发展。中斯两国的贸易商品结构也在逐步调整，2014年中国对斯里兰卡出口商品主要类别包括针织物及钩编织物、电气及电子产品、电话、音频视频设备和零部件、其他基本金属产品、肥料等；中国从斯里兰卡主要进口产品有服装、散茶、床垫纤维、混合椰壳纤维、未加工烟叶、橡胶轮胎和橡胶管等。2016年，中国对斯里兰卡出口商品主要类别有：针织物及钩编织物、电气及电子产品、机械器具及零件、钢铁、矿物燃料、棉花、塑料及制品等；中国从斯里兰卡主要进口产品有服装、散茶、珠宝、贵金属及制品、纸、纱线及其机织物、调味香料等。可以看出，中斯两国对对方出口的商品门类逐渐多元化，特别是斯里兰卡对中国出口的商品已经不再是结构较为单一的低技术制造品，而是包括了珠宝、贵金属制品在内的高附加值商品，这充分说明了中斯两国贸易商品结构正在趋于合理。

总之，中华人民共和国成立初期，尽管中锡两国并未建立正式的外交关系，但是双方很快建立了密切的经济联系，《米胶协定》为两国独立以后经济交往奠定了良好的基础。此后，随着中国改革开放政策、斯里兰卡经济改革政策的实行，中斯两国贸易关系不断深化。特别是在"一带一路"倡议提出以后，两国贸易往来进入了一个全新的阶段。

二、投资与金融关系

中斯两国正式建交以后，一直到中国改革开放前夕，中国与斯里兰卡在经济领域除了商品贸易往来，最主要的是经济援助，而且是官方发展援助。中国对斯里兰卡的官方发展援助主要包括赠款、贷款和技术合作三大类。中国对斯里兰卡大规模的经济援助和援建长达30多年，援助范围逐渐扩大到纺织业、大米以及铁路工程修建。到20世纪60年代中期，中国成为斯里兰卡的第一大经济援助国。其中，1963年12月13日—1964年2月5日，中国表示为斯里兰卡援建一座国际会议大厦；1970年，中国在斯里拉卡启动了这项国际会议大厦的工程；1973年，大厦顺利完工，这座大厦就是著名的班达拉奈克国际会议大厦，成为中斯友谊的象征。1972年，斯里兰卡总理班达拉奈克夫人访华后，中国对斯里兰卡的援助不断增多，援助领域也有所拓宽。总之，1957—1980年，中国向斯里兰卡提供了总价值约合9.70亿卢比的官方发展援助，其中，赠款3.10亿卢比、优惠贷款6.00亿卢比、物资捐赠0.60亿卢比。

改革开放以后，中斯投资关系迅速发展，投资额不断上升，投资领域也逐渐扩大。1986年，中斯签署了《相互促进和保护投资协定》。《相互促进和保护投资协定》对促进和保护投资、最惠国条款、汇出等诸多方面做出了详细规定。在中斯两国政府的积极推动下，中斯双边投资关系开始发展，但是，一直到2000年前后，中斯两国投资关系发展较为缓慢。中国驻斯里兰卡经济商务参赞处2002年发布的信息表明，中国公司自20世纪80年代中期开始在斯里兰卡投资，先后兴办各类型的企业16个，投资总金额约为1 400万美元，主要项目有深海捕鱼、活性炭、电站等。由于各种原因，中国在斯合资项目成功率不高，截至2001年仅有6个独资或合资企业在运作。斯里兰卡在中国投资项目仅有2个。

进入21世纪以来，中斯两国进一步推动双边投资的发展。2003年两国签署了《避免双重征税协议》《互免国际航空运输和海运收入税收的协议》。2007年，斯里兰卡专门为中国开设了一个独有的经济特区，并给予特殊的投资优惠政策，以吸引更多的中国优质投资者前往。由此，两国投资关系发展步伐加快，投资合作领域逐渐拓展到了交通、通信、灌溉等诸多基础设施建设领域。2002年，深圳中兴通讯股份有限公司和华为技术有限公司先后开始到斯里兰卡开拓通信业务，中国在斯里兰卡通信领域的投资取得重大突破；2005年中国水利水电第十三工程局有限公司在斯里兰卡承包了一项灌溉渠道改造扩建工程；之后，常州轨道车辆牵引传动工程技术研究中心、中国冶金科工集团有限公司、中国港湾工程有限公司等先后与斯里兰卡签订了关于铁路、高速公路等交通建设工程，中国在斯里兰卡交通领域的投资大大增加。总体来看，中国在斯里兰卡的相关投资项目主要集中在基础设施建设领域。2009年以后，港口建设成为中国对斯里兰卡的重点投资领域。2010年11月18日，由中国企业承建的斯里兰卡汉班托塔港开港。2012年6月，中国援助斯里兰卡建设的第一座港口汉班托塔大型深水港正式启用，该港口跨越重要的东西海运通道，每天可接纳200~300艘国际轮船。

2013年10月，"一带一路"倡议提出以后，中斯两国投资、金融合作进一步深化，两国在投资和金融领域的合作进一步增加。

首先，在投资领域，两国投资关系进一步快速发展，特别是中方企业在斯里兰卡的投资流量进一步扩大。相关数据显示，2014年当年中国对斯里兰卡非金融类直接投资流量为7 539万美元。截至2014年年末，中国对斯里兰卡直接投资存量为4.77亿美元。2015年，中国在斯里兰卡的投资总量占斯里兰卡当年外国直接投资（FDI）总流入的35.00%（如果加上中国香港在斯里兰卡的投资，这一数据能达到40.00%左右），远超该国传统的外资来源国荷兰（9.00%）、马来西亚（7.00%）和新加坡（3.00%）等。2005年，中国对斯里兰卡的投资额大约为1 640万美元，仅占斯里兰卡外国直接投资总额的1.00%。2013—2016年，中国（包括中国香港）连续三年成为斯里兰卡最大的外资来源国。2016年，中国对斯直接投资流量为2.08亿美元，同比增长523.9%。截至2016年年底，中国对斯里兰卡直接投资存量为9.81亿美元，在不到三年的时间里，中国对斯里兰卡直接投资存量翻了一番。可见，在"一带一路"倡议提出以后，中国与斯里兰卡投资关系正在以惊人的速度发展。

其次，近年来中国在斯里兰卡的港口投资项目也取得了重大的进展，其中最为典型的便是科伦坡港口项目。招商局集团投资5.5亿美元的科伦坡港南集装箱码头自2013年7月开港运营以来，已经成为斯里兰卡乃至印度洋地区重要的深水港口码头，2015年集装箱吞吐量已占整个科伦坡港的30%，2016年占35%左右。中交集团投资14亿美元的科伦坡港口城是斯里兰卡迄今最大的单笔外商投资项目，建成后将成为南亚地区集金融、旅游、物流、IT等为一体的高端城市综合体。与此同时，中国民营企业赴斯里兰卡投资发展迅速，涉及酒店、旅游、农产品加工、家具、仓储物流等领域。此外，2017年1月7日，在斯里兰卡汉班托塔举行了中斯工业园奠基仪式，这是中斯两国又一重大合作项目。

最后，中斯两国签署了一系列金融与投资合作协议。2014年8月，中国和斯里兰卡在北京签署了一个旨在扩大两国金融合作的重要协议，即《中国人民银行代理斯里兰卡央行投资中国银行间债券市场的代理投资协议》。2014年9月16日，经中国国务院批准，中国人民银行与斯里兰卡中央银行签署了规模为100亿元人民币/2 250亿卢比的双边本币互换协议。中国人民银行表示，此举旨在促进双边贸易和投资，并加强两国央行的金融合作。互换协议有效期为三年，经双方同意可以展期。中国人民银行与境外货币当局签订本币互换协议的目的不仅包括维护区域金融稳定，还包括促进双边贸易和投资。2016年，中斯两国签署了《关于全面推进投资与经济技术合作谅解备忘录》，确定双方将重点推进在能源、航空、水务、工业园建设等方面的投资合作，特别是科伦坡港口城等重大合作项目。

总之，自中华人民共和国成立以来，中国与斯里兰卡的投资和金融关系虽然起步较晚，但是两国建交以后投资和金融关系稳步发展，特别是"一带一路"倡议提出以来，中国和斯里兰卡的投资和金融合作有了较大进展，且仍在高速向前发展。不过，外资占斯里兰卡GDP的比例仍然较低，相比中国对其他亚洲国家的投资，中国对斯里兰卡投资仍有较大进步空间。此外，斯里兰卡在华投资数量始终较少。

三、科技交流与合作

中斯于20世纪70年代签订了开展经济技术合作的相关协议，中国为斯里兰卡提供优质草鱼和鳙鱼的鱼苗及相关的养殖技术支持。为此，中国在国内大学对斯里兰卡12名大学生进行了水产养殖的培训，在斯里兰卡乌达瓦拉维建设淡水鱼养殖需要的养鱼中心，1975年斯里兰卡政府表示将在所有地区建立水产养殖中心，而乌达瓦拉维中心将为它们的池塘养殖和河流放养提供大量鱼苗。1975年7月13日，中国农业领域的专家组带着中国的草鱼和鳙鱼的鱼苗正式到达斯里兰卡。在中斯科技人员的共同努力下，1977年，中国草鱼在乌达瓦拉维淡水鱼养殖试验站成功进行了人工繁殖。中国的淡水养鱼技术切实为斯里兰卡带来了经济利益，为两国继续开展相关农业合作奠定了良好的基础。

改革开放以后，中斯在科技领域的合作有所增加，仍然集中于农业科技领域，特别是在渔业科技领域，中国为斯里兰卡提供了诸多技术指导和支持。1981年6月，中国专家组克服了斯里兰卡当地的高温，从9月6日起开始进行了5次人工催产，共获鱼苗250万尾。这次催产的成功，获得了斯里兰卡政府高度赞扬，也为我国在鱼类人工繁殖技术援外方面赢得了极好的声誉。2005年，中斯签署《农业与土地部农业合作谅解备忘录》，提出中斯两国应在互惠互利的基础上，鼓励和促进两国在以下领域开展合作，交流农业科技信息；交换种子、种苗和育种材料；专家技术人员及管理人员互访；就共同感兴趣的领域举办讲习班、研讨会；开展杂交水稻生产合作；开展农产品加工合作；就共同感兴趣的领域，包括生物技术等进行合作研究；通过培训项目进行人力资源开发。2007年3月，斯里兰卡农业部部长西里塞纳一行7人对中国农业机械化科学研究院进行了友好访问。2010年9月，云南省政府代表与斯里兰卡有关方面签署了农业、教育、旅游、电信、生物质能、茶叶、贸易领域等多个交流合作文件，取得了良好的合作成效。

中国提出"一带一路"倡议以后，中斯两国在科技领域的合作发展速度明显加快，取得了诸多卓有成效的合作成果。在农业科技领域，中国与斯里兰卡继续开展淡水渔业养殖合作，并支持斯里兰卡技术人员的培训。2016年8月9日，中国水产科学研究院淡水渔业研究中心养殖基地首次向斯里兰卡出口25箱福瑞鲤鱼苗。福瑞鲤具有生长速度快、适应能力强和遗传性状稳定等特点，福瑞鲤的引入将极大丰富斯里兰卡渔业养殖的基因库。在农业科技领域，中国还为斯里兰卡技术人员提供学习机会和资金支持。2016年4月9日斯里兰卡总理维克勒马辛哈访华时，中国表示将资助斯里兰卡青年科学家来华短期工作，探讨共建农业技术示范园、生物技术联合实验室，帮助斯里兰卡增强自身能力建设。中斯两国还逐步在卫星通信、海洋气象等方面开展合作。2013年5月28日，在国家主席习近平和斯里兰卡总统拉贾帕克萨的共同见证下，中国航天科技集团所属的中国长城工业集团有限公司与斯里兰卡 Supreme SAT 卫星公司在北京人民大会堂正式签署了《斯里兰卡 SUPREME SAT-2 通信卫星在轨交付合同》《关于在斯里兰卡及印度洋开展北斗/GNSS（全球卫星导航系统）导航信息服务代理和合作意向的谅解备忘录》，中国为斯里兰卡交付在轨卫星。2014年4月，中科院南海海洋所和卢胡纳大学签署了合作谅解备忘录，正式成立了中斯科教合作中心，将在海洋气象灾害监测预报、海洋生态系统与生物多样性保护、饮用水安全监控技术等领域开展深入合作和人才培养工作，这表明双方科技合作已经进一步深化。在水科技领域，中斯两国也展开了一系列合作。斯里兰卡慢性肾病发生率较高，世界卫生组织的研究表明，斯里兰卡主要以地下水作为饮用水源，水中污染物的联合作用可能是导致慢性肾病发生的重要原因。为此，斯里兰卡从2014年开始就积极与中国科学院开展安全供水合作。2015年3月下旬，中斯正式签署了《中国科学院与斯里兰卡供排水部合作备忘录》，标志着双方在安全供水领域的实质性合作迈向了新的阶段。在生物科技领域，2015年6月12日，中斯签署了中国科技部、斯里兰卡高教与研究部两部门关于共建中斯生物技术联合实验室和共同组织中斯科学家交流计划的合作谅解备忘录，通过共建中斯生物技术联合实验室，中斯将促进生物技术领域的高水平联合研究、科技人员交流与培养、适用技术转移及生物技术在农业、工业和医疗卫生等领域的推广应用，推动双方技术水平提升和相关行业发展。2016年6月，科技部和云南省政府共同主办了第二届中国-南亚技术转移与创新合作大会，在这次大会上，斯里兰卡国家工业技术研究院与云南省中国-南亚技术转移中心签署了中国-斯里兰卡技术转移中心共建合作协议。2017年7月4日，斯里兰卡科技与研究部部长等一行访问了中国生物技术发展中心。

总之，中斯科技合作主要集中于农业科技、水科技等领域。中国"一带一路"倡议提出以后，中斯科技合作进展明显加快，合作领域也逐渐拓宽。

第十章 "一带一路"与斯里兰卡

斯里兰卡是印度洋上的重要中转站,在"一带一路"建设,特别是共建"21世纪海上丝绸之路"上具有十分重要的地位。斯里兰卡政府欢迎并积极参与"一带一路"倡议,两国的发展战略有着较为广阔的对接空间。

第一节 斯里兰卡在"一带一路"倡议中的地位和意义

古代海上丝绸之路将中斯两国紧密相连,成为两国友好交往的重要纽带和通道。如今的斯里兰卡在"一带一路"倡议中占据着十分重要的地位。

一、地位

中国政府和国家领导人多次强调斯里兰卡在"一带一路"倡议中具有重要的地位和作用,希望加强与斯里兰卡在倡议中的合作。2014年2月11日,中国外交部部长在北京与斯里兰卡总统特使、外交部部长举行会谈时表示,中斯关系处于历史最好时期,双方可在深化各领域务实合作的基础上,全面拓展海洋合作,共建"21世纪海上丝绸之路"。2014年5月22日,国家主席习近平在上海会见斯里兰卡总统时强调,斯里兰卡是建设"21世纪海上丝绸之路"、建立亚洲基础设施投资银行的重要合作伙伴,双方要重点推进海洋经济、港口建设、海上安全合作,尽早取得成果,尽早启动自由贸易区谈判。中国政府鼓励中资企业赴斯里兰卡投资兴业,参与工业园、经济特区、电力、公路、铁路等项目。2014年9月,国家主席习近平访问斯里兰卡时再次重申希望加强与斯里兰卡在"一带一路"框架下的合作。从"一带一路"倡议提出开始,中国始终高度重视与斯里兰卡的合作。2015年2月27日,中国外交部部长在北京同斯里兰卡外交部部长共同会见记者时表示,相信中斯合作将成为新时期海上合作的样板,期待斯里兰卡成为"'21世纪海上丝绸之路'上耀眼的明珠"。

二、价值意义

中国高度重视斯里兰卡对"21世纪海上丝绸之路"的参与,因为斯里兰卡凭借其独特的地理位置、文化传统,具有十分独特的地缘重要性和文化重要性。

斯里兰卡对于"21世纪海上丝绸之路"的价值和意义首先体现在其地缘重要性上。斯里兰卡位于南亚次大陆南端,是印度洋的一个重要岛国,四面环海,处于东亚、中亚、西亚和非洲的中间位置,其西北部是与其距离最近的国家印度,东北部则濒临孟加拉湾和中南半岛,东部与马来西亚等东南亚国家隔海相望,西北部绕过印度半岛便能够到达阿拉伯海。它处于印度洋的核心地带,临近印度洋的主要航线,起到了连接亚太地区和印度洋地区的重要作用。由于占据了独特的地理位置,斯里兰卡自古以来就是印度洋地区海上交通和贸易的要冲,在古代商贸活动开展的过程当中,来自欧洲、阿拉伯国家的西方船只和来自中国、东南亚国家的东方船只,往往会在斯里兰卡沿海港口停泊、交易货物。这个印度洋的岛国成为古代东西方商贸交流的中转站和海上贸易中心。

在"一带一路"倡议背景下,斯里兰卡拥有的区位优势显得更加重要。在强调互联互通的"21世纪海上丝绸之路"倡议中,斯里兰卡对于保证海上丝绸之路畅通、连接印度洋和亚太地区有着十分重要的作用。科伦坡起到从马六甲海峡到西亚、东非航线重要中转站的作用。它的吞吐量也十分可观,2014年科伦坡港的集装箱吞吐量达491万标准箱,同比增长12.3%,是全球最大的30个港口中吞吐量呈两位数增长的仅有的三个港口之一。斯里兰卡是"21世纪海上丝绸之路"不可缺少的关键国家。

斯里兰卡的地缘重要性还体现在能源领域。斯里兰卡是中东石油经过印度洋运往亚洲的关键，是国际能源运输的重要站点，扼守中国海上能源生命线。中国进口石油主要依靠几条航线，其中波斯湾—霍尔木兹海峡—马六甲海峡—台湾海峡航线以及北非—地中海—直布罗陀海峡—好望角—马六甲海峡—台湾海峡航线，均需经过斯里兰卡。因此，斯里兰卡参与到共建"21世纪海上丝绸之路"倡议中，符合在"一带一路"框架下加强能源基础设施互联互通合作，共同维护输油、输气管道等运输通道安全，推进跨境电力与输电通道建设，积极开展区域电网升级改造合作的初衷。

在外交领域，斯里兰卡同样凭借其地缘优势，成为中国与印度洋地区，乃至整个南亚地区外交的关键支点。2013年10月，中共中央召开"周边外交工作会议"，中国与周边国家的关系成为中国外交战略的焦点。伴随着中国对周边国家重视程度的日益加深，南亚地区在中国外交中的重要性也逐渐凸显，中国政府高层亦多次强调斯里兰卡在南亚、印度洋地区对于中国外交的重要性。当前，斯里兰卡国内政治局势趋于稳定，为中国与之开展外交工作提供了良好的条件。不仅如此，斯里兰卡积极参与南亚和印度洋跨国合作，它既是南亚区域合作联盟的重要成员，又是环印度洋地区合作联盟的重要参与者，在南亚和印度洋地区拥有较大的影响力。

斯里兰卡的重要地位还体现在宗教、文化领域。"一带一路"倡议要想顺利实施与建设，必须赢得沿线各国人民的理解与信任，而宗教文化交流是推进"一带一路"倡议的社会基石，是互认互信的牢靠基础。历史上，斯里兰卡与中国有着较深的宗教和文化交流，两国的佛教交流经历了由开始到繁盛、由复兴繁荣到中断的过程；近现代逐渐恢复，在参加世界佛教徒联谊会等国际会议和论坛、互派留学团、佛牙舍利瞻礼供奉等活动中频见相互融合互动。因此，加强与斯里兰卡的宗教文化交流，通过宗教、文化进一步夯实和推动中斯两国合作，对于实现"21世纪海上丝绸之路"沿线的文化、信仰融合有着很高的示范性作用。2014年8月10日，外交部部长王毅在缅甸首都内比都出席东亚合作系列外长会期间会见了斯里兰卡外交部部长佩里斯，王毅表示，中斯双方要保持高层交往，深化经贸和基础设施等务实合作，共同建设"丝绸之路经济带""21世纪海上丝绸之路"，打造人文交流新亮点。王毅的建议得到了佩里斯的认可,佩里斯表示,斯中传统友好关系历久弥坚,成为发展中国家互利共赢关系的典范。斯方支持并愿积极参与"丝绸之路经济带""21世纪海上丝绸之路"建设,愿与中方一道,拓展两国基础设施、防务安全、人文交流等领域合作,推动斯中战略合作伙伴关系取得新发展。在文化认同方面,斯里兰卡曾经多次受到西方殖民侵略,西方殖民者给其带来的历史记忆并不十分愉快,但是它对在过去历史中沿着海上丝绸之路传播的以合作为主旋律的文化始终持欢迎的态度。因此,斯里兰卡人对传播在海上丝绸之路上的合作共赢、交流融合的文化具有很高的认同感。在文化上,斯里兰卡不仅是"21世纪海上丝绸之路"的支持者与拥护者,还将成为"21世纪海上丝绸之路"文化的传播者与贡献者,这对于传播这一文化有着极为重要的意义。

中国希望与斯里兰卡以共同建设"21世纪海上丝绸之路"为主线,以商签自由贸易协定、基础设施建设、开展产业合作为三大支柱,致力于提高斯里兰卡自主发展能力;同时积极拓展卫生、农业、科技、旅游、人文五个领域的合作增长点,不断改善斯里兰卡民生,造福中斯两国及两国人民。

第二节 斯里兰卡对"一带一路"倡议的反应

在中国提出共建"21世纪海上丝绸之路"的倡议以后,斯里兰卡很快做出了回应,成为第一个以政府声明的形式表明其合作意愿的国家。此后,在斯里兰卡国内政权的更迭过程中,斯里兰卡的态度虽出现了一定程度的波折,但很快,政府又表明了其对"21世纪海上丝绸之路"倡议的高度重视。总体来说,斯里兰卡对于中国提出的共建"一带一路"倡议持积极态度。

一、斯里兰卡政府的态度和回应

在国家主席习近平提出共建"21世纪海上丝绸之路"倡议以后,斯里兰卡成为首个以政府声明形式赞成"21世纪海上丝绸之路"倡议的国家。在拉贾帕克萨总统任内,斯里兰卡与中国政府在"21世纪海上丝绸之路"框架内达成了诸多合作意向，斯里兰卡用积极的合作支持中国的"一带一路"倡议。2014年6月，斯里兰卡财政计划部与中国商务部签署了《关于在中斯经贸联委会框架下共同推进"21世纪海上丝绸之路"和"马欣达愿景"建设的谅解备忘录》。2014年9月，国家主席习近平访问斯里兰卡，与拉贾帕克萨总统举行会谈，在中国和斯里兰卡两国元首的见证下，两国签署了《中斯关于深化战略合作伙伴关系的行动计划》以及经贸、基础设施建设、海洋科研、文化、教育等领域合作协议。

2015年年初，中斯关系经历短暂的波折后，斯里兰卡新政府很快调整政策，重新对"一带一路"倡议表现出浓厚的兴趣，并且多次在互访过程向中方表达了参与"一带一路"建设的意愿。2016年4月8日，斯里兰卡总理维克勒马辛哈访华期间表示，感谢中国长期以来给予斯里兰卡的帮助和支持，（斯里兰卡）愿积极参与中方提出的"一带一路"倡议，进一步加强在港口、机场等基础设施建设、贸易投资、交通、科技等领域合作，促进文化交流与人员往来，造福两国人民。2016年7月9日，斯里兰卡总理维克勒马辛哈在科伦坡与中国外交部部长王毅举行会谈时再次明确表示，"21世纪海上丝绸之路"是中方提出的重要倡议，斯里兰卡愿发挥印度洋枢纽位置优势，同中方共建海上丝绸之路，全面提升两国务实合作水平。2017年4月8日，全国政协主席俞正声对斯里兰卡进行正式友好访问期间，维克勒马辛哈总理表示，感谢中方对斯里兰卡现代化建设提供的支持和帮助。斯里兰卡正处于工业化、现代化、城镇化进程中，期待同中方加强贸易、金融、港口、交通基础设施等领域合作，共同建设"一带一路"，带动斯里兰卡经济加速发展，推进区域经济一体化。

斯里兰卡对于参与建设"21世纪海上丝绸之路"的态度总体积极。斯里兰卡对参与建设"21世纪海上丝绸之路"的决心，并不会因为斯里兰卡政府换届而受到影响，因为与中国开展合作符合斯里兰卡的根本利益和发展战略。

首先，中国创造的经济增长奇迹能够为斯里兰卡提供一定的发展红利，促进斯里兰卡国内经济发展和基础设施建设。中国领导人曾多次公开表示，欢迎各国搭上中国发展的便车。斯里兰卡仍旧是一个发展中国家，尽管近年来其经济水平发展迅速，国际社会普遍看好其经济前景，但是其经济发展、国内基础设施建设等仍有较大的提升空间。与中国在"21世纪海上丝绸之路"倡议中开展相关合作，能够促进斯里兰卡本国经贸发展，同时有效完善国内基础设施建设。斯里兰卡总理特别顾问曾表示，再过一二十年，亚洲将是世界上最有话语权、最发达的地区。因此，对斯里兰卡这样的小国来说，需要重新思考自己在地区和世界上的位置。如果不能适应形势的变化，我们将会被边缘化。随着亚洲地区整体经济社会的进步，斯里兰卡将与时俱进地提出自身的国家发展战略。我相信，中国"一带一路"倡议有助于斯里兰卡落实国家发展战略。中方也表示，新形势下，斯里兰卡对发展社会经济的需求和意愿更加强烈，在国际社会上持续释放积极信号，向国际投资者抛出"橄榄枝"，期望能在平衡外交的政策引导下，与其他国家密切合作，将斯里兰卡打造成"南亚经济中心"。中国是斯里兰卡第二大贸易伙伴，是其第二大进口来源国，还是斯里兰卡最大的外国直接投资国，斯里兰卡经贸水平发展要求加强与中国合作，"21世纪海上丝绸之路"能够为斯里兰卡提供加强双方经贸合作的契机。中斯双方将在"21世纪海上丝绸之路"的框架下，加强在基础设施等领域的合作，中方企业将会加大对斯里兰卡的投资，在切实促进斯里兰卡经贸发展、为其经济注入新的活力的同时为其本国基础设施建设添砖加瓦。

其次，在外交上，斯里兰卡有与中国加强联系的需求。随着中国的日益强大，中国也被斯里兰卡纳入大国外交的范围。斯里兰卡积极参与"21世纪海上丝绸之路"，可以进一步增强斯里兰卡与中国的政治、经济、文化、外交的联系。除了增强外交自主性的考量外，在国际社会斯里兰卡也需要中国的支持。自内战爆发以来，斯里兰卡一直面临国际社会对其人权问题的抨击和压力。西里塞纳总统上台以后，已经积极采取措施缓解西方社会对人权问题的压力。中国在人权问题上，始终坚定地站在斯里兰卡一方，维护斯里兰卡的利益。因此，通过海上丝绸之路建设巩固对华关系，有助于斯方改善自身的国际困境。

最后，"21世纪海上丝绸之路"倡议与斯里兰卡发展战略不谋而合，有利于斯里兰卡打造印度洋航运中心地位。斯里兰卡在历史上曾一度成为印度洋航运中心，但是由于斯里兰卡国内政治动荡、长期内战，其航运中心地位逐渐被新加坡取代。2007年拉贾帕克萨总统当选以后，便很快在其家乡汉班托塔大力建设国际化港口。2009年，他正式提出了"马欣达愿景"，希望将斯里兰卡建设成海事、航空、商业、能源、知识的五大中心，展现了斯里兰卡的强国富民梦。通过积极参与"21世纪海上丝绸之路"，斯里兰卡可以加强与沿线各国的互联互通，成为这一海上大通道的重要一环，强化斯里兰卡在印度洋的航运中心地位。斯里兰卡政府官员在多个场合就"21世纪海上丝绸之路"对斯里兰卡航运中心地位建设的积极作用做出了肯定，斯里兰卡外交部部长佩里斯曾表示，斯里兰卡对中国政府提出的现代版海上丝路的愿景产生强烈共鸣，将予以大力支持。可以预见，一旦汉班托塔港彻底完工，将成为印度洋主航道上的关键海港，进而成为中国远洋船只的理想中继点。2016年8月，维克勒马辛哈总理率高级经济团队访问重庆和深圳时也表示，斯里兰卡将积极参与，同中国携手实现共同发展，斯里兰卡将学习借鉴重庆和深圳经验，加快推进斯里兰卡城市化和工业化进程，使斯里兰卡成为"南亚经济中心""21世纪海上丝绸之路"在印度洋上的枢纽。

二、媒体、民众态度

在中国提出"一带一路"倡议以后，斯里兰卡社会各界做出回应，其中最主要的是媒体。2014年9月17日，斯里兰卡每日新闻网发布报道，认为："中国的'21世纪海上丝绸之路'建设正在让斯里兰卡受益。中方出资14亿美元的'科伦坡项目'是斯里兰卡迄今为止最大的外资项目。"除了斯里兰卡国内媒体，英国《金融时报》网站也在2014年9月17日发表题为《斯里兰卡从中国"海上丝绸之路"计划中看到好处》的文章，文章写道，国家主席习近平提出要建设一条途经南亚海域、连接中国与欧洲的"21世纪海上丝绸之路"，这一提法听起来很像一个宏大的理论概念。但是在斯里兰卡看来，与中国加强关系的好处却是实实在在的。事实证明中国的做法在斯里兰卡当地颇受欢迎，而且为拉贾帕克萨创造了正面新闻。拉贾帕克萨抓住习近平来访的机会公布亲民措施。媒体的态度很大程度上反映了斯里兰卡社会对中国的"一带一路"倡议的欢迎态度。

在中国学者实地调研科伦坡港口城项目过程中，发现斯里兰卡民众对中国项目十分支持，当地民众对项目重启充满信心、对中国充满期待，在当地民众看来，中斯关系基础牢固，因此他们对港口城项目的重启充满信心，认为只是时间问题。民众对于科伦坡港口城项目的信心源自中斯两国长期的经贸关系的良好发展，中国企业在斯里兰卡参与了多项重要工程的投资，为斯里兰卡经济发展提供了一定的助力，因此民众对于中斯两国经济关系始终保持着坚定的信心。获得"体面的工作"从而改变生活现状，是斯里兰卡民众最现实也是最大的期待。科伦坡港口城项目创造了诸多就业岗位，吸引了众多斯里兰卡民众就业，从而使"一带一路"获得了斯里兰卡民众的积极支持。

第三节　"一带一路"倡议下中国与斯里兰卡的合作往来

"一带一路"倡议提出以后，中斯两国围绕着五联五通开展了一系列的交流与合作。根据北京大学的"一带一路"五通指数排名，斯里兰卡在调研的63个"一带一路"沿线国家中，排名第二十位，在南亚地区仅次于巴基斯坦和印度，属良好型国家。

一、政策沟通

2013年10月，国家主席习近平提出建设"一带一路"倡议以后，中斯双方高层互访频繁，两国在诸多领域政策沟通程度加深。根据北京大学的"一带一路"政策沟通指数排名，斯里兰卡排名第十一位，在南亚国家中高居榜首，属于政策沟通的顺畅型国家。

外交部资料显示，2014—2017年，中斯两国政府高层始终保持着良好的政策沟通，两国领导人建立了多层次的沟通渠道，既有国家元首的互访，又有常规外交磋商机制，还有部长级别的互访机制（见表10-1）。这一系列高层互访机制为中斯两国政府宏观政策沟通和交流提供了畅通的渠道，增进了两国政治互信，同时也为"一带一路"框架下诸多合作共识的达成创造了条件。

表10-1　中国与斯里兰卡2014—2017年双边高层互访及成果

时间	事件	交流成果
2014年2月11日	中国外交部部长在北京与来访的斯里兰卡总统特使、外交部部长举行会谈	斯方支持建设"21世纪海上丝绸之路",愿与中方一道,加强各领域务实合作
2014年4月24日—25日	中国外交部副部长应邀赴斯里兰卡举行中斯第九轮外交磋商	中方支持斯方积极参与"21世纪海上丝绸之路"建设,愿与斯方共同努力,推进两国各领域务实合作和友好交流,加强在人权等国际和地区事务中的协调与配合。斯政府愿积极参与"21世纪海上丝绸之路"建设,双方密切高层接触,扩大经贸和人员往来,加强在多边领域的合作,推动两国战略合作伙伴关系不断向前发展
2014年5月22日	国家主席习近平在上海会见斯里兰卡总统拉贾帕克萨	邀请习近平在方便的时候对斯里兰卡进行国事访问,双方在网络安全等领域进行合作
2014年8月10日	中国外交部部长在东亚合作系列外长会期间会见斯里兰卡外交部部长	双方保持高层交往,深化基础设施、防务安全、人文交流等领域合作,共同进行"丝绸之路经济带""21世纪海上丝绸之路"建设
2014年9月16日	国家主席习近平抵达科伦坡,开始对斯里兰卡进行国事访问	共同规划两国合作,宣布启动中斯自由贸易谈判,推动中斯战略合作伙伴关系深入发展;双方签署《中斯关于深化战略合作伙伴关系的行动计划》以及经贸、基础设施建设、海洋科研、文化、教育等领域合作协议
2014年11月13日	中国外交部部长助理会见斯里兰卡前高级外交官代表团	双方就中斯关系、中国与南亚关系和"一带一路"倡议等深入交换了意见
2015年2月5日	中国政府特使、外交部部长助理在科伦坡会见斯里兰卡外交部部长	斯新政府愿同中国政府建立全面接触,欢迎中方对斯投资和援助,期待与中方加强在各领域的务实合作

续表

时间	事件	交流成果
2015年2月6日	斯里兰卡总统在科伦坡会见中国政府特使、外交部部长助理	斯方愿与中方一道,推动斯中战略合作伙伴关系和务实合作不断向前发展
2015年2月27日	中国外交部部长在北京与来华进行正式访问的斯里兰卡外交部部长举行会谈	斯里兰卡总统期待对华访问
2015年3月26日	斯里兰卡总统对华进行国事访问	两国元首积极评价中斯关系,强调将继承好、维护好、发展好中斯友好,推动新形势下中斯关系继续健康稳定发展,更好造福两国和两国人民,为地区及世界和平与发展做出贡献
2015年8月7日	中国外交部部长助理会见即将离任的斯里兰卡驻华大使	双方就中斯关系交换意见
2015年10月9日	中国政府特使、外交部副部长出访斯里兰卡	双方主要达成了诸多共识,包括双方将密切配合,推动两国真诚互助、世代友好的战略合作伙伴关系不断向前发展等
2016年3月1日	中国外交部副部长会见来华访问的斯里兰卡发展战略与国际贸易部部长一行	双方就中斯关系及经贸合作等交换了看法
2016年4月7日	斯里兰卡总理来华进行正式访问	双方签署经济技术合作、司法、交通、金融、医疗卫生等领域多份双边合作文件
2016年7月8日—10日	中国外交部部长对斯里兰卡进行正式访问	双方一致同意,落实两国领导人共识,加强各领域互利合作,使中斯战略合作伙伴关系保持强劲发展势头

续表

时间	事件	交流成果
2017年2月20日	中斯第十轮外交磋商	双方一致同意加强两国政治、经贸、防务、海洋、旅游、人文等领域交流合作，并就中斯建交60周年纪念活动方案和共同关心的国际地区问题交换了意见
2017年4月8日	全国政协主席俞正声6日—8日对斯里兰卡进行正式友好访问	保持高层交往，深化政治互信，积极建设"一带一路"
2017年5月16日	斯里兰卡总理来华出席"一带一路"国际合作高峰论坛	两国签署了经济技术、投资等领域双边合作文件
2017年10月30日	中国–斯里兰卡建交60周年	两国外交部部长互换中斯刑事司法协助条约批准书，中方向马方赠送中斯双边关系重要文献汇编

数据来源：根据外交部网站资料整理自制，http://www.fmprc.gov.cn/web/gjhdq_676201/gj_676203/yz_676205/1206_676884/xgxw_676890/.

二、设施联通

在"一带一路"倡议中，基础设施互联互通是优先领域，中国与斯里兰卡在共建"一带一路"倡议框架下积极推进基础设施建设，中斯基础设施合作覆盖了铁路、码头、港口等。根据北京大学的"一带一路"设施联通指数，斯里兰卡排名第五十二位，高于巴基斯坦、孟加拉国、阿富汗、不丹、尼泊尔。

在铁路交通方面，2013年8月，由中国机械进出口（集团）有限公司牵头与中铁五局共同修建的斯里兰卡南部铁路项目正式开工，这是中国企业以总承包形式在斯里兰卡承揽的第一个铁路工程项目，也是斯里兰卡近90年来修建的第一条新建铁路线。这一铁路项目对斯里兰卡国内基础设施建设意义十分重大，中国企业参与建设，有助于双方在基础设施建设方面的经验交流。

在港口、码头联通方面，最具代表性的是科伦坡港南集装箱码头项目和科伦坡港口城项目。科伦坡港南集装箱码头是斯里兰卡最大的外商投资项目之一，由中国招商局国际有限公司主导融资、设计、建造、运营及管理，2011年12月港南集装箱码头项目开工，2014年4月正式竣工，这一项目总投资额超过5亿美元，共建设4个泊位，码头岸线总长为1 200米，年设计集装箱吞吐能力为240万标准箱，配备12台岸桥和40台场桥，可停靠世界上最大的18 000标准箱的集装箱船。科伦坡港口城项目是中斯在"一带一路"框架下合作的龙头项目，由中国交通建设股份有限公司与斯里兰卡国家港务局共同开发，旨在将科伦坡港口城打造成南亚的投资新地标。港南集装箱码头和科伦坡港口城项目的建设和落实，有助于联结中国与斯里兰卡海上的交通和交流。

三、贸易畅通和资金融通

贸易合作是"一带一路"建设的重点内容，资金融通则是"一带一路"建设的重要支撑。中斯两国在"一带一路"倡议提出以来，在贸易投资方面已经取得了重要的成就，在资金融通方面的合作还有待加强。根据北京大学的"一带一路"贸易畅通指数，斯里兰卡排名第二十一位，在南亚地区仅低于巴基斯坦和印度，属于良好型国家。斯里兰卡的资金融通指数排名为第二十位，在南亚地区低于巴基斯坦和印度。

在"一带一路"倡议的推动下，中国和斯里兰卡双边贸易和投资取得了跨越式发展，特别是中国企业对斯里兰卡的投资，多个大型投资项目签约，其中包括招商局集团投资的科伦坡港南集装箱码头、中国交通建设集团有限公司投资的科伦坡港口城等，民营企业在斯里兰卡的投资领域也扩展到酒店、旅游、农产品加工、渔业等领域。为了进一步推动中斯两国贸易和投资的发展，双方积极进行中斯自贸区谈判。早在2013年5月，拉贾帕克萨总统访问中国期间，中斯双方便达成了建设自贸区的共识；2014年9月，国家主席习近平访问斯里兰卡时，中斯双方宣布启动自贸区谈判。在中斯双方的努力下，两国已经进行了五轮自贸区谈判，谈判取得了较大的进展。因此，2014年以来中斯两国贸易和投资规模增长稳定。根据中国海关的有关数据，2014年，中斯贸易总额为40.42亿美元；2015年，贸易总额达到了45.64亿美元；2016年，贸易总额则为45.60亿美元。除了中斯两国贸易的快速发展，双方投资总额也在不断攀升。根据中国商务部有关数据，2014年，中国对斯里兰卡非金融类直接投资流量为7 539万美元；

到了2016年，这一数据为2.08亿美元。

在资金融通方面，中斯两国已经取得了一定的合作成果。2014年8月，中斯签署《中国人民银行代理斯里兰卡央行投资中国银行间债券市场的代理投资协议》，以扩大和加强两国的金融合作；2014年9月，中斯两国还签署了一份100亿元（约合16亿美元）的互换货币协议。但是两国在金融方面的合作还有待加强。中斯自贸区谈判历程和进展，如表10-2所示。

表10-2 中斯自贸区谈判历程和进展

时间	历程	成果
2014年9月16日	双边自贸区谈判正式启动	双方确认，中斯自贸协定将是一个覆盖货物贸易、服务贸易、投资和经济技术合作等内容的全面协定，双方还同意加快谈判进程，争取尽快结束谈判，以使两国企业和民众早日受益
2014年9月17日—19日	中国-斯里兰卡自贸区首轮谈判在斯里兰卡科伦坡举行	双方就谈判工作机制、覆盖范围、推进方式、路线图和时间表、货物贸易降税模式等多项议题进行了深入磋商，达成许多共识，双方还讨论通过指导未来谈判的"职责范围"文件，为后续谈判奠定了良好基础
2014年11月26日—28日	中国-斯里兰卡自贸区第二轮谈判在北京举行	双方就货物贸易、服务贸易、投资、经济技术合作、原产地规则、海关程序和贸易便利化、技术性贸易壁垒和卫生与植物卫生措施、贸易救济、争端解决等议题充分交换了意见，谈判取得积极进展
2016年8月2日—4日	中国-斯里兰卡自贸区第三轮谈判在斯里兰卡科伦坡举行	在本轮谈判中，中斯双方就货物贸易、服务贸易、投资、经济技术合作、原产地规则、海关程序和贸易便利化、技术性贸易壁垒和卫生与植物卫生措施、贸易救济以及法律相关议题等充分交换了意见，谈判取得积极进展

续表

时间	历程	成果
2016年11月21日—23日	中国-斯里兰卡自贸区第四轮谈判在北京举行	中斯双方就货物贸易、服务贸易、投资、经济技术合作、原产地规则、海关程序和贸易便利化、技术性贸易壁垒和卫生与植物卫生措施、贸易救济、争端解决等议题充分交换了意见,谈判取得积极进展
2017年1月16日—19日	中国-斯里兰卡自贸区第五轮谈判在斯里兰卡科伦坡举行	在本轮谈判中,中斯双方就货物贸易、服务贸易、投资、经济技术合作、原产地规则、海关程序和贸易便利化、技术性贸易壁垒和卫生与植物卫生措施、贸易救济等议题充分交换意见,谈判取得积极进展

资料来源:根据中国自由贸易区服务网内容整理自制,http://fta.mofcom.gov.cn/srilanka/srilanka_special.shtml。

四、民心相通

"一带一路"倡议提出以来,中斯两国为了增进两国人民民心相通,在文化、教育领域的交流和互动进一步增多,合作形式也日趋多样化,民众交往越来越频繁,两国文化关系发展上升到了一个新的高度。根据北京大学的"一带一路"民心相通指数,斯里兰卡排名第二十二位,在南亚地区低于巴基斯坦和印度,属于良好型国家。

官方层次开展的文化交流活动。2014年9月16日,国家主席习近平和斯里兰卡拉贾帕克萨总统共同为斯里兰卡中国文化中心和2014年科伦坡书展中国主办国活动揭牌,斯里兰卡中国文化中心是中国在南亚地区设立的首个文化中心,是首个由中国与外国国家元首亲自揭牌成立的海外中国文化中心,可以使更多的斯里兰卡民众了解中国文化、热爱中国文化,从而增进两国人民友谊。2014年9月,在中斯两国元首的共同见证下,科伦坡大学同中国国家汉办签署了关于合作设立科伦坡大学孔子学院的协议;2016年12月30日,科伦坡大学孔子学院正式揭牌,这是中国在斯里兰卡设立的第二所孔子学院。孔子学院是中外文明交流互鉴的桥梁,是世界认识中国的窗口,是中国同各国深化友谊的纽带。除了文化中心和孔子学院的建设，中斯两国还加强了艺术交流和合作。2016年7月8日"意会中国——斯里兰卡青年艺术家采风作品展"开幕，斯里兰卡艺术家得以近距离感受中国文化，促进了两国艺术家的交往与互动，增进两国人民的相互理解与感情，加深两国的友好关系。2017年2月7日，内蒙古自治区对外文化交流中心演出代表团赴斯里兰卡科伦坡、康提、加勒、尼甘布，开展为期一周的"欢乐春节"文化交流演出，交流演出内容丰富精彩，充分展示了中国的民族文化传统和特色艺术，斯里兰卡民众得以深入了解中国少数民族的文化艺术。

特别需要指出的是，中斯在教育方面开展了诸多合作。中国对斯里兰卡学生的资助力度加大，两国互派留学生数量进一步增长。2016年，斯里兰卡共有15名学生获得"中国政府奖学金"，其中包括10名本科生和5名研究生，专业涉及医学、农业、历史、数学、海洋、科工、金融和艺术等领域。不仅如此，在"中国政府奖学金"颁发仪式上，中方还向斯里兰卡高等教育部捐赠200万卢比用于"中国大使奖学金"的设立，资助当年度斯里兰卡高校50名优秀本科生。2017年，获得"中国政府奖学金"的学生数量增长到18名，受到"中国大使奖学金"资助的斯里兰卡学生达55名。教育关乎人与人之间的交流。这些斯里兰卡学生从中国学成后，将会在促进中斯友好关系方面发挥更重要的作用。中斯两国的教育互动加深了两国人民相互了解、推动了两国民众交流向深层次发展。但值得注意的是，斯里兰卡到中国留学的学生远多于中国到斯里兰卡留学的学生，斯里兰卡驻华大使卡鲁那塞纳·寇迪杜瓦库曾经表示对中国学生来到斯里兰卡表示欢迎，并且承诺如果中国学生愿意来斯里兰卡学习四年的本科或者想获得硕士、博士学位，斯里兰卡会尽可能地提供支持。除了互派留学生，中国还有一些青年大学生志愿者主动到斯里兰卡进行实践。例如，2017年，电子科技大学的斯里兰卡国际教学实践队第三次到斯里兰卡支教，这支队伍第一次来到斯里兰卡的人数只有8人，2017年则增加到了61人。可见，已经有越来越多的青年大学生自发到斯里兰卡从事教育活动，这说明两国在教育领域的交流正在越来越深入。

第四节　中斯合作案例分析

中斯两国在"一带一路"框架下开展了多领域、多层次的合作，主要集中在基础设施领域，其中，科伦坡港口城项目是中国在斯里兰卡迄今为止最大的单笔外商投资项目。中国驻斯里兰卡前大使易先良表示："科伦坡港口城项目是斯里兰卡最大的外国投资项目，该项目确立了中国企业在斯里兰卡经济发展过程中的重要地位。项目复工成为斯投资环境改善的'风向标'，将为斯国家经济转型升级带来更大的空间和平台。不仅如此，科伦坡港口城是中国企业在南亚参与经济合作的标杆，也是'21世纪海上丝绸之路'建设的标杆项目。"

一、科伦坡港口城项目的代表性和起因

随着印度洋在国际社会中地位的不断提升，巴基斯坦的瓜达尔港、斯里兰卡的科伦坡港等港口在国际航运中的地位不断提升。斯里兰卡希望利用科伦坡港的优势地位，将斯里兰卡建设成为海运中心，科伦坡港口城建设是完成这一目标的重要项目。

早在"一带一路"倡议提出以前，斯里兰卡政府便与中国企业合作，提升科伦坡港口的枢纽作用，不断提高科伦坡港口的年吞吐量。2013年8月，深水科伦坡国际集装箱码头正式投产，这一新设施使科伦坡港的吞吐能力增加了240万标准箱，使港口的年总吞吐能力达到700万标准箱。科伦坡港的集装箱码头水深达18米，能容纳世界最大的18 000~20 000标箱箱船满载进出港。2014年，科伦坡港的集装箱吞吐量达491万标准箱。除了吞吐量的提高，科伦坡港口码头的客户服务质量也有较大提升。

然而，科伦坡港口仍然有很大的潜力，迫切需要后续开发，斯里兰卡政府希望进一步强化科伦坡港的航运地位。科伦坡港是一个中转枢纽港，斯里兰卡本身具有的陆上腹地货运量的需求并不高，而其港口吞吐量的绝大部分是用于货物中转，印度也没有深水港，因此科伦坡的货物很多都是来自印度的中转的货物。作为一个中转性枢纽港，科伦坡港口的发展前景具有较大的不稳定性，因为中转型港口的货物

吞吐量取决于在这一港口中转的货运量,一旦其他港口有了较好的发展,科伦坡港口的货运量就有可能被分流。因此,只有将科伦坡城市发展与港口建设相结合,不断加强科伦坡在南亚地区,乃至全球的知名度和地位,才能不断维持科伦坡港口的货物吞吐量,从而巩固科伦坡港口的航运地位。科伦坡港口城便是斯里兰卡政府对科伦坡城市大力建设的主要项目,科伦坡港口城将立足"商业中心、动感都市、花园城市、智慧城市、文化中心"5个定位,规划建筑面积为520万平方米,能容纳16万人,规划建设国际购物中心、文化中心、五星级酒店、国际游艇码头、超高层高档写字楼多座、高档住宅30 000套。这一项目的开发,既可以满足科伦坡城市建设金融中心的需求,同时又可以与科伦坡港口建设相互促进。斯里兰卡驻华大使表示:"港口城项目将是金融服务的中心,包括银行、保险和离岸银行。科伦坡海港已成为整个东南亚最重要的转运港口,符合印度、巴基斯坦、孟加拉国、斯里兰卡和世界其他地区的需求。因此,港口城市将成为东南亚的金融中心。"科伦坡港口城金融中心的建设,也将为其港口运营吸引大量的中转货物,这也有利于港口的发展,两者具有相辅相成之效。2016年4月8日,斯里兰卡总理维克勒马辛哈在中国-斯里卡经贸合作介绍会上表示,斯政府高度重视港口城的未来发展地位和潜力。斯里兰卡发展战略和国际贸易部部长萨马拉维克拉马也曾明确表示,斯政府将科伦坡港口城定位成"斯里兰卡的香港",准备在该城设立独立的金融、司法体系和机构,以最大限度地提高商业便利性。

鉴于中斯两国在此前已经成功开展了诸多合作项目,因此,斯里兰卡继续选择与中国合作建设科伦坡港口城项目。2013年11月11日,中国交通建设集团有限公司正式与斯里兰卡投资管理局在科伦坡签署了港口城项目投资协议。根据协议,港口城一期工程主要包括防波堤、道路等基础设施,完成后将形成233公顷的陆地面积。中港公司负责土地的一级开发,扣除公共设施用地,其余土地中港公司与斯里兰卡港务局按合约进行分配开发,项目总投资约为14亿美元,项目工期为3年。这块土地的1/3将由中国公司承租并开发,其余的2/3交由斯里兰卡开发。项目的二期投资将达到130亿美元。中国公司将吸引国内和世界的投资者,包括美国和印度的公司,也可以填海造地得到的土地上投资。2014年9月16日,国家主席习近平访问斯里兰卡

第十章 "一带一路"与斯里兰卡

时,科伦坡港口城项目正式启动。2014年9月17日,国家主席习近平与拉贾帕克萨总统共同出席了科伦坡港口城的开工剪彩仪式,港口城项目在两位国家领导人的见证下正式开工,进入工程建设阶段。

二、合作波折及原因

2015年年初,斯里兰卡进行总统大选,西里塞纳当选总统。2015年1月20日,斯里兰卡高速公路和投资促进部部长曾表示:"斯里兰卡不会停止正在进行中的包括中国公司承建的任何建设项目。但与此同时,对于发展所带来的环境问题和文化影响,相关部门也会更加审慎。"但是,2月20日,新政府又表示将重新考虑前总统与中国签订的科伦坡港口城项目;3月4日,高速公路投资促进部部长说,有指控称(斯里兰卡)前政府在包括港口城项目在内的一些项目上涉嫌规避当地法律以及回避相关环境要求。因此,3月6日便以科伦坡港口城项目"是否履行了适当的程序""缺少相关审批手续"为由,停止了一期建设项目。在此之前,斯里兰卡总理维克勒马辛哈已经要求对科伦坡港口城项目展开调查并进行进一步评估。

在斯里兰卡政府叫停科伦坡港口城项目的当天,时任中国驻斯里兰卡大使易先良紧急约见斯里兰卡外交部部长,就斯方暂停中国公司投资开发的科伦坡港口城项目提出交涉,要求斯方珍惜中斯互利合作成果,尊重双边协定和商业合约的严肃性,切实维护中国投资者的合法权益。3月7日,中国交通建设集团下属控股公司科伦坡港口城项目公司发表声明,斯里兰卡港口航空部常务秘书6日给中方公司发来了内阁部长的一份正式信函,要求立即暂时停止港口城项目施工,并要求中方公司提供有关部门颁发的相关有效许可证明。斯中社会文化合作协会主席认为,斯里兰卡政府无视港口城项目的合法性及对斯里兰卡带来的巨大发展利益,轻率地根据个别政党呼吁做出暂停施工决定。经过中斯两国政府和企业的交涉,3月18日斯里兰卡内阁发言人、卫生和医药部部长在接受记者采访时表示,斯政府决定允许科伦坡港口城项目进行防波堤建设,以防止工程已建成部分遭海水侵蚀破坏,但是除此以外,科伦坡港口城项目整体上处于禁止施工状态。5月28日,斯里兰卡政府发言人说,斯里兰卡将任命一个委员会重新评估遭暂停的港口城项目。2015年9月17日,斯里兰卡内阁发言人表示，中国交通建设集团与斯里兰卡政府签订为期一年的科伦坡港口城项目协议，部分项目工作应在到期之前完成，然而，由于该项目仍处于暂停状态，政府决定将项目协议延长6个月。他还提到，只要环评获得通过，该项目将立即重启。

科伦坡港口城项目被叫停也与印度的影响有关。西里塞纳在竞选时，曾经提出要与中国、日本、印度等国建立"相同的关系"。

尽管斯里兰卡政府领导人反复声明此次行动并非刻意针对中国，但还是给两国在"一带一路"框架下的合作带来影响，项目停工导致斯方一千多人失业，中方则每天承受约38万美元的直接经济损失。

三、项目复工及合作成效

2015年3月科伦坡港口城项目被叫停以后，中斯两国政府官员积极沟通、频繁互访，西里塞纳总统逐渐调整对华政策。10月，西里塞纳在会见中国政府特使时表示，我和斯里兰卡新政府将继续坚定奉行对华友好政策，愿同中方一道努力，进一步加强斯中友好关系，坚定推进包括科伦坡港口城在内的各类合作项目，以带动两国在基础设施建设、投资和民生等各领域务实合作。这一表态为科伦坡港口城项目的复工创造了条件。在中斯两国政府的积极努力下，2016年3月14日，中国交通建设集团下属的科伦坡港口城项目公司便收到了斯里兰卡政府宣布项目即可复工的决定，3月9日斯里兰卡举行的内阁会议同意科伦坡港口城项目立即重启，从即日起，取消对港口城项目暂停决定，港口城项目管理方即可恢复项目建设。4月，斯里兰卡发展战略和国际贸易部部长表示，科伦坡港口城已通过了环境影响评估和司法审批程序，所有的障碍被扫清一空，已经全面复工。对此，中国政府予以理解，中国外交部发言人表示，任何两个国家，包括友好国家之间，通过商业运行方式开展合作肯定有商业规律在里面，即使中间出现了一些不同看法，也并不影响中斯总体友好关系以及双方推进、深化这一友好关系的决心。

2016年8月12日，中国港湾工程有限责任公司、科伦坡港口城项目公司与斯里兰卡重新签署新的三方协议：斯里兰卡政府负责各种环境、规划和施工许可证，中国交通建设集团负责投融资、规划、施工和运营，70%的资金来自中国国家开发银行的商业贷款。斯里兰卡政府把科伦坡港口城项目更名为"科伦坡国际金融城",认为这将有助于把斯里兰卡打造成印度洋地区国际金融中心。斯里兰卡大都市和西部省发展部部长拉纳瓦卡在新三方协议签字仪式上表示,这一项目是决定斯里兰卡国家未来发展的重要项目之一,将有助于推动斯里兰卡西部大都市发展规划中的海洋城、航空城、科技城、工业城及旅游城的建设发展。根据新协议,吹填土地面积由原协议的233公顷变为269公顷,其中公共面积由63公顷增至91公顷,包括45公顷对外开放的公园,另外还将为科伦坡创建13公顷的公共沙滩。中国港湾工程有限责任公司的资料显示,科伦坡港口城项目规划将带动二级开发投资130亿美元,创造超过8.3万个就业机会。规划建筑规模超过530万平方米,计划5~8年初步形成规模,20~25年完成建设。

2016年9月29日,随着挖泥船开始作业,由中国公司投资开发的斯里兰卡科伦坡港口城项目在暂停18个月后正式重新启动。2017年2月,港口城公司业主代表表示,自复工以来,总体工程进展超前,陆域形成已达到60多公顷。2019年1月,填海造地工程结束,项目进入后续建设。

四、愿景与中国的应对之策

科伦坡港口城项目未来发展前景良好。一方面,中斯两国参与建设企业对这一项目充满期待。参与此次科伦坡港口城项目建设的中国交建董事长表示,科伦坡港口城的开发建设不仅有助于直接推动斯里兰卡经济社会发展,也将发挥招商引资的带动效应,吸引更多外国投资者,同时还将吸引国际高端专业人才,引进国际先进技术,提升本土企业国际竞争力。斯里兰卡当地民众也对科伦坡港口城项目同样看好,科伦坡港口城项目公司市场传播主管表示,港口城项目通过刺激外国直接投资和私营部门的增长,促进国家经济发展,有助于斯里兰卡将把科伦坡打造成南亚地区重要商业中心,真正成为印度洋上一颗璀璨的明珠。另一方面,两国政府对科伦坡港口城项目同样十分重视和看好。2017年4月,十二届全国政协主席对斯里兰卡进行访问时,特地考察了科伦坡港口城项目;2017年5月16日,国务院总理在会见来华的斯里兰卡总理维克勒马辛哈时再次重申了中国对科伦坡港口城等项目的重视。斯里兰卡西部大都市部城市规划局副局长也认为这一项目是斯里兰卡政府做出的一个正确选择,他认为,科伦坡城市将多出269公顷土地,占科伦坡市中心面积的7%,这将极大促进城市发展。

复工以后,科伦坡港口城项目建设已经步入正轨,中国政府和企业应该继续采取积极的政策,保证项目稳步推进,以推动中斯两国经贸关系的良性发展。

一方面,中国政府应该更加关注与斯里兰卡的人文交流和合作。"一带一路"倡议的《推动共建丝绸之路经济带和21世纪海上丝绸之路的愿景与行动》(以下简称《愿景与行动》)提到了与沿线国家加强"民心相通",要求传承和弘扬丝绸之路友好合作精神,广泛开展文化交流、学术往来、人才交流合作、媒体合作、青年和妇女交往、志愿者服务等,为深化双多边合作奠定坚实的民意基础。中斯两国在经贸领域的合作开展得如火如荼,在人文领域的交流与合作却有待加强,斯里兰卡民众对中国的了解不够深入。科伦坡大学学者提道,斯里兰卡很多民众认可中国,是因为中国从经济发展的角度建立斯中合作伙伴关系,而非像某些邻国那样出于政治力量角逐的考量;中斯两国应该通过进一步深化人文交流和学术合作来宣传和稳定双边关系,包括学者互访和学生交换等,斯里兰卡希望中国政府能为斯里兰卡提供更多学术资助和奖学金。中国应该积极采取政策让斯里兰卡民众更了解、熟悉中国,只有这样才能让他们理解中国秉持的互惠互利的态度,才能让他们更加欢迎中国与斯里兰卡的合作。

另一方面,中国企业应该在"走出去"的同时,更多地承担社会责任。中国企业在斯里兰卡投资曾经受到一些斯里兰卡民众的质疑,这样的质疑声在一定程度上是因为中斯经济合作并没有真正惠及当地民众。中国企业在投资过程中,应该积极承担社会责任,以创造良好的投资环境,同时促进两国民间交往,推动中斯双边关系的深化。科伦坡港口城有限责任公司在进行港口城建设过程中在这一方面已经开始了积极的尝试。港湾科伦坡港口城有限责任公司为受影响渔民提供了5亿卢比(1美元约合149卢比),支持渔民购买意外保险,帮助渔民建设学校和提供就业机会。同时,中国企业在建设过程中,十分注重对当地生态环境的维系和保护,专门聘请了环境工程师在建设过程中提供相关建议,公司还提前进行了大量的调研活动,以最大限度地降低对环境的影响。项目工程填海造地所需砂料都来自海砂,为了保证海滨环境和鱼类,取砂区都在距离海岸线5千米以外,水深15米以下,海岸线不会受到侵蚀。在未来的建设过程中,企业更应该积极进行相关尝试,在推动斯里兰卡当地经济发展的同时,维护当地生态环境,促进民生就业,切实保证中斯两国经济合作惠及民众。

第五节 "一带一路"与斯里兰卡发展战略的对接研究

斯里兰卡是中国"一带一路"倡议的重要参与国,其国家发展战略与"一带一路"倡议高度契合,在基础设施、港口建设和经济发展等领域,"一带一路"倡议均能实现与斯里兰卡国家发展战略的有效对接。

一、斯里兰卡国家发展战略

2009年斯里兰卡内战结束以后,总统拉贾帕克萨提出"马欣达愿景"施政目标。为此,斯里兰卡各重要部门提出了经济发展、旅游业发展、港口发展等一系列目标和计划。2010年,斯里兰卡国家金融和计划规划部正式发布了名为《斯里兰卡:亚洲的新兴奇迹——斯里兰卡政府发展政策纲要》的文件,这份文件写道:要将斯里兰卡打造成一个动态的全球中心,将斯里兰卡建设成一个联结东西方的海运、航运、商业、能源和知识中心。为了将斯里兰卡建设成为海运中心,斯里兰卡将大力建设汉班托塔港、科伦坡南港、加勒港以及其他港口项目;为了将斯里兰卡打造成为航运中心,斯里兰卡将努力征服天空和太空,建设马塔拉第二国际机场,实现卡图纳亚克国际机场的现代化;除此以外,为了将斯里兰卡建设成为商业中心、能源中心和知识中心,斯里兰卡将进一步加强基础设施建设和人力资源建设,加强对油田的管理和改革教育制度等。在经济和土地方面,要将斯里兰卡建设成为一个土地充足、前途光明的国家;在法治方面,将斯里兰卡建设成为一个纪律严明、奉公守法的社会;在生活方式方面,创造舒适、方便的生活方式;在交通方面,建设发达的道路交通网络等。

为了真正实现斯里兰卡五个中心的建设,斯里兰卡各政府部门制定了相应的具体发展规划。例如,为了将斯里兰卡打造成全球海洋中心，2013年斯里兰卡港口局提出了名为"展望2020年——丝绸路上的卓越物流"的计划，希望将自身建设成全球的物流中心，而不是原先设定的集装箱中心。据此，斯里兰卡港口局开建了一个最优的海事深水港，在扩大其他港口和举行海上基地活动的同时，计划建设一个全方位的物流系统，整合物流功能。斯里兰卡的目标是到2020年成为优秀的海事中心，达到2亿吨的货物装卸、10亿美元的收入、100亿美元的港口投资，使港口成为国家经济增长的主要贡献者。

斯里兰卡总统西里塞纳同样关注基础设施建设、港口建设和国内经济发展，他开启了"百日施政计划"，在国际社会上持续释放积极信号，向国际投资者抛出"橄榄枝"，期望能在平衡外交的政策引导下，与其他国家密切合作，将斯里兰卡打造成"南亚经济中心"。2015年斯里兰卡总理在科伦坡会见中国政府特使、外交部副部长时，介绍了斯里兰卡全国团结政府的施政目标和经济发展战略，他表示，斯里兰卡新政府将大力吸引外资，发展自由贸易，继续推进港口、道路、工业园区等基础设施建设，力争将斯里兰卡打造成印度洋海运中心。2016年8月，斯里兰卡总理率领高级经济团队访问重庆和深圳时，表示斯里兰卡方将学习借鉴重庆和深圳经验，加快推进斯里兰卡城市化和工业化进程，使斯里兰卡成为"南亚经济中心""21世纪海上丝绸之路"在印度洋上的枢纽。

二、中国与斯里兰卡战略对接可能性及取得的成效

中国提出的"一带一路"倡议与斯里兰卡的国家发展战略有着较多的利益契合点，在基础设施建设、经贸发展方面能够实现有效对接。2014年9月16日，国家主席习近平对斯里兰卡进行国事访问期间，强调了中斯两国战略的一致性，认为："中国人民正在努力实现中华民族伟大复兴的中国梦，斯里兰卡提出了国家振兴发展的'马欣达愿景'，双方奋斗目标相互契合。中方愿同斯方一道，抓住机遇，规划合作，推动中斯战略合作伙伴关系走实走深，更好惠及两国人民。"

首先在基础设施建设领域，中斯两国在加强互联互通，港口和交通建设方面有着较高的契合度。中国的"一带一路"倡议强调互联互通建设，其中设施联通便是其中极为重要的一部分，《愿景与行动》中写道："基础设施互联互通是'一带一路'建设的优先领域。抓住交通

第十章 "一带一路"与斯里兰卡

基础设施的关键通道、关键节点和重点工程,推动口岸基础设施建设,畅通陆水联运通道,推进港口合作建设,增加海上航线和班次,加强海上物流信息化合作。"斯里兰卡加强基础设施建设,特别是港口建设的国家战略与"一带一路"基础设施建设的理念一致。此外,中斯两国均采取了首先建设重点项目的方式加强基础设施建设,拉贾帕克萨在"马欣达愿景"的发言中便提及了几个重点港口项目,其中包括汉班托塔港、科伦坡南港等,而中国同样希望在加强"一带一路"沿线各国互联互通的过程中,抓住交通基础设施的关键通道、关键节点和重点工程,以推动口岸基础设施建设。早在中国的"一带一路"倡议提出不久以后,斯里兰卡便敏锐地发现了两国在基础设施建设,特别是港口建设方面以及经济发展领域的利益的一致性。2014年,国家主席习近平对斯里兰卡进行国事访问期间,斯里兰卡前总统表示,习近平主席提出的建设"21世纪海上丝绸之路"倡议与斯方打造印度洋海上航运中心的设想不谋而合,斯方愿意同中方共同建设和经营好汉班托塔港和科伦坡港口城等重点合作项目,加速双边自由贸易谈判,加强经贸、能源、农业、基础设施建设、卫生医疗等领域合作。中斯两国在"一带一路"框架下,已经进行了诸多基础设施建设的合作,并且已经取得了卓有成效的合作成果。2014年4月,科伦坡港南集装箱码头项目竣工;当地时间2014年9月17日,斯里兰卡科伦坡港口城项目正式开工。除此以外,中国与斯里兰卡的基础设施在建项目还有很多,如汉班托塔港二期、科伦坡莲花塔、延河农业灌溉项目、科伦坡外环高速三期、库鲁内格勒供水工程等项目,这些工程涉及斯里兰卡农业、交通、港口等诸多方面,是中斯两国在斯里兰卡基础设施建设领域合作取得的成果。

经贸领域是中斯两国在"一带一路"倡议框架下的战略对接的又一切合点。《愿景与行动》写道:"投资贸易合作是'一带一路'建设的重点内容。宜着力研究解决投资贸易便利化问题,消除投资和贸易壁垒,构建区域内和各国良好的营商环境,积极同沿线国家和地区共同商建自由贸易区,激发释放合作潜力,做大做好合作'蛋糕'。"中国希望加强与"一带一路"倡议沿线国家的贸易和投资合作,希望能够共建自由贸易区,以创造区域内的良好的营商环境。斯里兰卡同样注重与其他国家发展良好的经贸关系。2016年10月16日,国家主席习近平在果阿会见西里塞纳总统,西里塞纳表示,斯里兰卡愿加紧落实斯中有关经贸协定和大项目合作,欢迎中国企业加大对斯投资。2017年4月,全国政协主席俞正声对斯里兰卡进行友好访问时,斯里兰卡总理同样表示:"感谢中方对斯里兰卡现代化建设提供的支持和帮助。斯里兰卡正处于工业化、现代化、城镇化进程中,期待同中方加强贸易、金融、港口、交通基础设施等领域合作,共同建设'一带一路',带动斯里兰卡经济加速发展,推进区域经济一体化。"中斯两国在"一带一路"框架下已经开展了诸多经贸领域的交流与合作。首先,自2013年倡议提出以来,中国与斯里兰卡双边贸易和投资额有较大幅度的上升。2013年,中斯两国贸易总额为36.20亿美元,增长率为14.5%;2014年,贸易总额上升到了40.42亿美元,增长率为11.7%;2015年,贸易总额为45.64亿美元,增长率达到了12.9%,2016年,贸易总额为45.60亿美元,略有下降。据中国商务部统计,2016年当年中国对斯里兰卡直接投资流量为2.08亿美元;截至2016年年末,中国对斯里兰卡直接投资存量为9.81亿美元。其次,中斯两国直接经贸投资合作不断深入,中国省、直辖市级地方政府积极参与其中。中国各省、直辖市,包括广东、深圳、福建、上海、浙江、陕西、山西、重庆、四川、湖北等组团到斯里兰卡进行考察,结合各省、直辖市推进"一带一路"建设的战略规划和各自的产业优势,有针对性地与斯里兰卡有关部门进行对接,建立起有效的交流沟通机制,并利用国际会议、双边展会等多种平台拓展合作模式,促进双边交流。强化融资合作,帮助斯里兰卡大力发展基础设施建设。最后,中斯两国自贸谈判也已经取得了前所未有的成果。2017年1月19日,中国和斯里兰卡第五轮自贸谈判结束,在此次谈判中,中斯双方就货物贸易、服务贸易、投资、经济技术合作、原产地规则、海关程序和贸易便利化、技术性贸易壁垒和卫生与植物卫生措施、贸易救济等议题充分交换意见,谈判取得积极进展。2017年3月,中国与斯里兰卡第六轮自贸谈判结束。中斯两国自贸谈判的深入进行,表明两国在经贸领域合作的持续深入。

中斯两国除了在基础设施、港口建设和经贸领域的战略切合以外,在科技、文化等其他领域,同样有着较为广泛的战略切合点。2016年4月,国家主席习近平会见斯里兰卡总理维克勒马辛哈时,维克勒马辛哈表示,斯方愿积极参与中方提出的"一带一路"倡议,进一步加强在港口、机场等基础设施建设、贸易投资、交通、科技等领域合作,促进文化交流与人员往来,造福两国人民。斯方愿加强同中方在南盟等框架内的合作。2017年10月30日,中国外交部部长在北京同斯里兰卡外交部部长举行会谈时表示,中方希望将"中国梦"与"斯里兰卡梦"相结合,重点加强传统友好和政治互信、基础设施大项目、投资与贸易、海洋、人文等五大领域合作,打造中斯友好合作关系的"升级版"。可见,中斯两国在文化、科技等领域也已经形成了较大的共识,加强战略对接开展合作。

三、中国与斯里兰卡战略对接存在的问题与挑战

尽管中斯两国在国家发展战略上存在着广泛的共识,战略对接具有较高的可行性。但是不可否认,两国在战略对接方面还存在着一些问题与挑战。这其中既有中斯战略在某些领域错位的因素,又有中国在斯里兰卡国内投资的风险因素,还有其他国家可能的影响因素。

中斯两国国家发展战略尽管有很多切合点,但还是存在着一些错位,这一错位体现在中斯两国在彼此战略中重要性的差异之上。中斯两国的战略对接依靠的是两国的战略共识,两国在战略需求上具有一定的互补性。从双边的战略需求和供给能力来看,中国能够为斯里兰卡提供中短期内无法被替代的大量资金投入,需要的是能够实现优势产业转移的对外发展合作模式。斯里兰卡能够为中国提供的是地理上难以替代的区位优势,需要的是能够使其国内经济安全发展,并促进其国际地位提升的合作模式。就短期来看,中国能为斯里兰卡提供基础设施建设和经济发展必要的资金,而斯里兰卡能为中国提供在印度洋的地缘优势,双方战略需求和供给较为平衡。但是从长期来看,斯里兰卡对于中国"一带一路"倡议区位优势供给的重要性将保持不变,而中国对于斯里兰卡资金供给的战略重要性则有可能因为斯里兰卡实施平衡外交政策有所下降。两国在彼此战略中的重要性具有一定的差异,中国对斯里兰卡的战略需求比斯里兰卡对中国的需求更加强烈。尽管短时间内其他大国无法为斯里兰卡提供与中国等量的资金支持,但是随着印度的崛起,难免存在因其参与斯里兰卡国内经济建设而使中国战略重要性下降的可能。事实上,其他国家参与斯里兰卡经

济发展和基础设施建设并非不可能，因为这正符合斯里兰卡新政府所坚持的平衡外交政策的理念。斯里兰卡深知自身区位优势，因而西里塞纳总统选择重回平衡外交政策，这是其灵活外交的体现，同时也是对其国内一部分质疑中斯合作的声音的回应。早在"一带一路"倡议提出之前，中斯两国的深入合作引起了其国内对于斯里兰卡过分依赖中国资本的担忧。随着中国投资影响力的提升，斯里兰卡对中国资本依赖的忧虑不断加重。因此，西里塞纳政府选择了平衡外交政策，在中国与南亚其他国家之间采取灵活外交，以减弱对中国资本的依赖。

中国与斯里兰卡战略对接，两国将广泛开展基础设施建设以及经贸投资合作，主要以中国在斯里兰卡的投资建设为主。然而，斯里兰卡国内投资环境并不十分稳定。中国对斯里兰卡投资风险一方面体现在斯里兰卡宏观经济风险之上，斯里兰卡长期以来外债压力沉重，政府始终面临着货币、利息率和公共债务到期的风险。不仅如此，斯里兰卡债务主要是单一的金融组合，因此政府在管控国家经济时面临较大的压力，宏观经济的不明朗使中国在斯里兰卡投资与建设风险增加。另一方面，斯里兰卡国内存在着一定的反对政府建设的力量，这并非是故意针对中国。2017年1月，在斯里兰卡南部工业区的开幕式上，上百名斯里兰卡民众与警察爆发了冲突，在冲突中斯里兰卡警方使用了催泪瓦斯和水枪。此次冲突爆发的导火索是斯里兰卡宣布将15 000亩（1亩约为0.067公顷）土地用以开发工业区，这一工业区开发项目由中国企业承担。有抗议的斯里兰卡民众表示，他们害怕会因为中国企业的这一投资项目，被迫离开自己的家乡。事实上，中国政府从投资之初并没有任何不利于斯里兰卡民众的意愿，中国外交部曾经表示，中国企业从一开始便是秉持着对话和磋商的原则与斯里兰卡企业交往，这完全是基于双方自由的意愿、平等和相互尊重的原则。因此，在中国企业参与斯里兰卡投资项目过程中，斯里兰卡政府与当地民众之间的关系，可能会对项目进展、中方企业形象，乃至中国形象造成不利影响。

中国与斯里兰卡的战略对接还面临着南亚其他国家的影响。2015年3月，印度总理对印度洋岛国毛里求斯进行访问时声称，印度和其他印度洋国家应该尽全力保护这些国家在印度洋地区的利益。在中斯两国合作不断深入之时，印度提出了"季风计划"。"季风计划"提出之时，核心目标是以跨学科方式研究联通印度洋沿海地区以及沿海和内陆各地的交通通道、文化景观及沿线传播的知识与观念体系，从而复兴印度洋地区的跨国联系网，培育交流合作机会。但是很快，"季风计划"被赋予了战略层面的意义，2014年9月16日，印度外交部和文化部围绕"季风计划"举行特别会议，原外交部秘书和文化部秘书明确表示，为了应对中国提出的海上丝绸之路倡议，该计划不仅着眼于印度的文化地位，还有必要涵盖相关严肃的战略层面。斯里兰卡位于印度洋的关键位置，同样是"季风计划"不可或缺的重要国家。事实上，在很多领域斯里兰卡对印度的依赖性远远超过了中国，特别是莫迪政府在上台后，开始淡化泰米尔人问题、渔民争端问题等，并加大了对斯里兰卡东部和北部的基础设施投资的力度。对于斯里兰卡而言，最希望的还是与这些有影响力的大国保持不错的关系，但是不得不承认，中国与斯里兰卡的战略对接和合作面临印度的竞争与干扰。

四、中国的应对策略

中国在与斯里兰卡实施战略对接的过程中，尽管存在着一定的风险与挑战，但是中斯两国战略的切合点切实存在，因此只要中国采取恰当的应对策略，两国就能够进一步实现战略对接，深化合作。

首先，中斯两国政府仍然需要加强沟通。科伦坡项目的重新启动，给中国积累的经验便是加强与斯里兰卡政府的沟通很有必要。在两国政府频繁的往来之中，中斯两国能够保证信息畅通，以建立互信，从而为两国战略对接和合作奠定良好的互信基础。西里塞纳政府上台以后，很快与中国保持了高频率的会面与互访，因此双方战略对接和合作项目不久便重回正常轨道，得以继续实行。中国政府已经认识到了保持高层沟通、建立互信的重要性，中国领导人与斯里兰卡高层会面时反复强调这一点。2016年4月，李克强在会见来华访问的斯里兰卡总理时强调，建交近60年来，中斯关系历经国内外风云变幻，始终保持友好合作向前的大方向，这是我们共同利益所在，也是两国各界人士共同努力的结果；中方愿同斯方加强高层交往，深化政治互信，拓展务实合作，密切在地区和国际事务中的协调配合，推动中斯战略合作伙伴关系迈上新台阶。国家主席习近平在会见斯里兰卡总理时同样强调，双方要保持高层交往势头，加强战略沟通，从长远和战略高度把握中斯关系发展方向，做好两国关系及各领域合作的顶层设计；中方愿同斯方继续加强在联合国、东盟地区论坛、南盟等框架内的沟通和协调。只有中斯两国政府保证沟通和信息的顺畅，才有可能在战略合作过程中保持良好的关系。

随着中斯两国经济合作的深入，两国企业不可避免地会在合作过程中发生摩擦和争议，为了中斯两国经贸合作的良性发展，中斯双方应该进一步强化法治保障和政策支撑，以规避在合作过程中可能出现的风险和争议。斯里兰卡在应对国外投资和经贸交往的过程中，虽然已经有相对成熟的法律法规体系，然而并不能够完全应对两国企业交往合作的需求。中国是斯里兰卡最重要的投资国之一，中斯两国关系发展势头良好，两国可以借助中斯政治交往的契机，督促斯里兰卡加快修改完善有关投资、金融、税收、进出口等领域的法律法规。一方面为其国内培育市场经济体系构建保障体系，另一方面将有力维护国外主体进行投资和贸易的权益。优化社会环境也是促进双方经济合作的重要内容。这不仅仅有利于保证中国企业在斯里兰卡的权益，从长远来说，更有利于斯里兰卡国内投资环境的优化，有利于斯里兰卡进一步吸引国外投资，从而进一步促进其外向型经济的建设和国内经济的发展。

中斯两国战略对接以基础设施建设和经济建设为主要的领域和方向，两国正在进行中的合作也基本集中于这两个领域。但是值得注意的是，中斯两国在其他领域，如文化宗教领域同样有着较高的切合度，中国可以适当关注在其他领域与斯里兰卡的合作，以加强与斯里兰卡民众的沟通与了解。反观日本在斯里兰卡的投资，近年来便主要集中在文化、教育与民生方面，并且取得了一定的成效。日本对斯里兰卡"三种语言"计划进行援助，2014年10月，日本用非项目配套资金给斯里兰卡援助1亿卢比用于实施"三种语言"政策。不仅如此，日本还对斯里兰卡的政府官员进行培训，2013年6月，日本再为斯里兰卡人力资源发展提供2.45亿卢比的奖学金。该奖学金于2010年启动，支持斯里兰卡年轻的公务员在日本国际大学、广岛大学和国际基督教大学学习，以获得硕士学位。日本在斯里兰卡的文化等领域的援助，为日本在当地赢得了较高的赞誉，从而为日本企业创造了投资和贸易的良好的环境。中国在文化、教育、民生等领域加强与斯里兰卡的战略合作，有利于斯里兰卡民众加深对中国、中国文化以及中国人民的了解。中斯两国完全可以充分利用佛教交流纽带，加强两国在宗教文化等领域的合作与交流，从而为中国在斯里兰卡的投资和贸易打造更为优越的人文条件和环境，争取民心、赢得民意，取得斯里兰卡民众的认可，以促进两国战略对接的民意基础。不仅如此，加强与斯里兰卡在除经济领域以外的合作，有助于中国在一定程度上规避在斯里兰卡的投资风险，避免因为中国企业在斯里兰卡经济领域投资比重过大使斯里兰卡投资环境恶化而带来损失。

参考文献

[1] 佟加蒙. 殖民统治时期的斯里兰卡. 北京：社会科学文献出版社, 2015.

[2] 王灵桂. 海丝列国志. 北京：社会科学文献出版社, 2015.

[3] 尼古拉斯·帕拉纳维达纳. 锡兰简明史. 李荣熙, 译. 北京：商务印书馆, 1964.

[4] 杜敏, 李泉. 斯里兰卡新政府的内政外交政策及挑战. 南亚研究季刊, 2015(4)：15-20.

[5] 李捷, 王露. 联盟或平衡：斯里兰卡对大国外交政策评析. 南亚研究, 2016(3)：70-91.

[6] 李艳芳. "21世纪海上丝绸之路"框架下中斯经济关系的重塑研究. 南亚研究, 2017(2)：29-53.

[7] 李卓成. 大选后斯里兰卡外交政策的调整及影响. 南亚研究季刊, 2015(3)：17-22.

[8] 廖萌. 斯里兰卡参与共建海上丝绸之路的战略考虑及前景. 亚太经济, 2015(3)：62-67.

[9] 马博. 打造"21世纪海上丝绸之路"交汇点：中国–斯里兰卡关系发展的机遇与挑战. 世界经济与政治论坛, 2016(1)：48-63.

[10] 耿引曾.《二十四史》中的南亚史料简介. 南亚研究, 1981(1)：107-115.

[11] 唐鹏琪. 斯里兰卡新政府执政以来的经济改革框架. 南亚研究季刊, 2016(4)：52-61.

[12] 唐鹏琪. 斯里兰卡科伦坡港口城市项目的现状与前景分析. 南亚研究季刊, 2015(4)：21-29.

［13］ 佟加蒙. 海上丝绸之路视域下中国与斯里兰卡的文化交流. 中国高校社会科学, 2015(4): 118-123.

［14］ 王鸿余. 斯里兰卡经济改革政策与存在问题. 世界经济与政治, 1993(4): 16-20.

［15］ 杨晓萍. 斯里兰卡对华、对印关系中的"动态平衡". 南亚研究季刊, 2013(2): 93-99.

［16］ 易先良. "一带一路"为中斯合作带来新机遇. 中国投资, 2017(1): 58-61.

［17］ 张位均, 郑瑞祥. 斯里兰卡独立后的40年历程. 南亚研究, 1988(2): 1-5.

［18］ 朱翠萍. 科伦坡港口城项目实地勘察录. 世界知识, 2015(16): 28-30.

［19］ PEEBLES B P. The History of Sri Lanka. California: Greenwood, 2006.

［20］ WILSON J. Reappropriation, Resistance, and British Autocracy in SriLanka, 1820-1850. Historical Journal, 2017, 60(1): 47-69.

［21］ SAMARANAYAKE N. Are Sri Lank's Relations with China Deepening? An Analysis of Economic, Military, and Diplomatic Data. Asian Security, 2011, 7(2): 119-146.

［22］ KELEGAMA S. China-Sri Lanka Economic Relations: An Overview. China Report, 2014, 50(2): 131-149.

［23］ FERNANDO S N. China's Relations with Sri Lanka and the Maldives: Models of Good Relations among Big and Small Countries. China Report, 2010, 46(3): 285-297.